LES

MUSICIENS D'AUXERRE

AU XVIᵉ SIÈCLE

PAR

Francis MOLARD

ARCHIVISTE DE L'YONNE

BIBLIOTHÉCAIRE DE LA VILLE D'AUXERRE.

AUXERRE

IMPRIMERIE ET LITHOGRAPHIE DE GEORGES ROUILLÉ

—

1886

LES
MUSICIENS D'AUXERRE

AU XVIe SIÈCLE

PAR

Francis MOLARD

ARCHIVISTE DE L'YONNE
BIBLIOTHÉCAIRE DE LA VILLE D'AUXERRE.

AUXERRE

IMPRIMERIE ET LITHOGRAPHIE DE GEORGES ROUILLÉ

—

1886

(Extrait de l'*Annuaire de l'Yonne*, année 1886.)

LES MUSICIENS D'AUXERRE

AU XVIᵉ SIÈCLE.

Le xvıᵉ siècle, qui a d'ailleurs fait l'objet de nombreux
travaux, tant généraux que particuliers, est une des plus
curieuses époques de l'histoire du monde. Toutes les
réformes que poursuit actuellement l'esprit moderne s'y
trouvent en germe. Les communistes de 1848, les collec-
tivistes de 1885, les socialistes chrétiens de l'Allemagne
s'y peuvent reconnaître avec toutes leurs organisations
plus ou moins utopistes, dans Thomas Morus, Campa-
nella, Münzer l'anabaptiste, et la Guerre des Paysans. Je
ne parle pas, bien entendu, de l'émancipation religieuse,
source première et féconde de toutes les autres.

Qui croirait, par exemple, que des Sociétés de tempé-
rance étaient en pleine prospérité à Auxerre dès 1511 ?
Il en est pourtant ainsi, et pour plus ample informé,
je renvoie à la *Revue des Sociétés savantes* (1882, t. VI, 7ᵐᵉ
série.)

Le principe de l'association et de la coopération, auquel
on demande aujourd'hui la solution du problème de la
misère, prit, à l'époque dont il est ici question, un déve-
loppement aussi remarquable qu'inattendu. Les formes
de la constitution de Société étaient, au reste, d'une sim-
plicité primitive, le consentement des parties exprimé
par devant notaire, suffisait absolument. Nos ancêtres de
la Renaissance avaient, je ne sais pourquoi, un faible
pour les tabellions, dont le nombre n'était point alors

limité. Et cependant ils parvenaient à vivre, même à bien vivre. En effet, au xvie siècle, les actes les plus simples de la vie se dénouaient en l'étude du notaire. Faut-il citer l'exemple de ce bon chanoine qui, ennuyé d'examiner chaque mois les comptes de sa blanchisseuse, traite avec elle pour dix ans, en présence d'un garde-note, et moyennant un tant par an ?

Aussi, nul ne doute que les anciennes minutes, si mal et si inutilement conservées chez les notaires, ne contiennent les plus curieux détails sur la vie intime de nos aïeux. Les pièces que je publie à la suite de cet avant-propos, en fourniront, je le crois, la preuve. Tirées par M. Quantin des combles du Palais-de-Justice, où elles pourrissaient sans utilité pour personne, elles ont été par lui classées et analysées dans le premier volume de l'*Inventaire sommaire des archives historiques du département*.

Elles concernent un certain nombre de musiciens vivant à Auxerre, et y exerçant leur art, de 1556 à 1594, et se divisent en deux catégories bien distinctes. La première comprend les actes d'associations proprement dits, sous les Nos 1, 2, 10 et 12. La formule en est des moins compliquées. Des ménétriers auxerrois, au nombre de trois au moins, et de six au plus, se présentent en personne devant un tabellion de la ville, et lui déclarent expressément leur volonté de s'associer entre eux pour un délai déterminé, rarement de plus de quelques mois ou deux ans, de telle sorte que les profits communs seront réunis en une même bourse, et partagés par égale part entre tous les contractants, sans avoir égard à l'habileté plus ou moins grande de chaque membre de la Société. La source de ces profits consiste dans l'exercice de leur industrie aux fêtes de villes, de paroisses, de villages et de confréries, aux repas de noces, de fiançailles et d'anniversaires, aux *reveilz* ou aubades, etc. La division des bénéfices peut toujours être faite à première réquisition. Et comme dans toute obligation de faire ou de ne pas faire, on stipule des dommages-intérêts, montant ordinairement à quatre écus d'or soleil. De plus, il est généralement convenu que l'un d'entre les associés ne pourra s'engager pour l'une de ces cérémonies sans en prévenir les autres, pourvu qu'ils soient dans la ville. Et celui ou ceux qui refuseront d'accompagner leurs confrères, seront privés d'une part correspondante dans les bénéfices de la Société. Le cas de maladie et d'incapacité de travail pour cause légitime n'est pas prévu.

Les autres documents, compris sous les numéros 3, 4, 5, 6, 7, 8, 9, 11, 13 et 14, ont trait aux conventions particulières que faisaient avec le public les ménétriers auxerrois. Les bourgeois d'Auxerre avaient, paraît-il, pour habitude de se divertir avec leurs amis, le jour de l'anniversaire de leur naissance ou de la commémoration de leur patron, car je ne vois pas bien au juste ce qu'il faut entendre par l'expression : le *jour de sa feste et solennité, le jour de son festin*, que l'on rencontre à chaque pas dans les actes de ce genre.

Quoiqu'il en soit, cette fête était solennelle. Elle débutait la veille par un grand souper, qu'égayaient les joueurs d'instruments. Le lendemain ils accompagnaient à la messe et en ramenaient l'amphytrion triomphalement, en se tenant à sa disposition toute la journée, et même la matinée du surlendemain. Le nombre des *reveilz* ou aubades était soigneusement déterminé, de trois à six ordinairement. Il en était de même pour les noces ; le concert commençait la veille, et tout se passait comme il a été dit précédemment.

En 1588, François Grosles, Louis Loppin, Nicolas Loppin et Charles Grosles, musiciens de la ville, sont enrôlés par les procureurs de la confrérie de Saint-Jacques, pour célébrer dignement la fête de cette confrérie. François Grosles et ses collègues devront se tenir à la disposition du Bâtonnier, lui donner une sérénade de hautbois, la veille de Saint-Jacques ; le mener à la messe et aux vêpres, et l'en ramener en cérémonie, et enfin donner devant la maison de chaque membre de la confrérie, les aubades accoutumées.

Dans les contrats de cette sorte, il arrive souvent que l'un d'entre les musiciens, considéré probablement comme le chef de la communauté, s'engage et stipule pour les autres.

Les prix d'engagement varient de quarante sous tournois à huit écus d'or soleil, ce qui, pour l'époque, con tituait une somme d'une assez grande importance(1). On y ajoutait parfois un présent, tel qu'un bonnet chaud et de forme convenable, une pièce d'habillement, etc.

Les ménétriers auxerrois étaient employés par des gens de toute condition, depuis le simple vigneron jusqu'à l'archer de la garde du roi, et au praticien du Bailliage. Tout cela montre bien que si les gens du pays étaient *buveurs*, comme les en accuse le proverbe, ils ne dédaignaient pas plus la musique que les *chanteurs* de Sens, dont le savoir et le goût étaient tant prônés autrefois.

Reste à éclaircir un point délicat : de quelle musique Léger Pillard, Bon Titou et autres honorables artistes, régalaient-ils leur public préféré? C'est ce qui est difficile à expliquer. Il paraît cependant que les instruments devaient tous être d'un *même accord*. Cela veut dire, j'imagine, qu'ils jouaient à l'unisson. Le contre-point et l'harmonie n'auraient donc point été de mise ici. Nous possédons du xvi° siècle de beaux chants religieux, œuvres des Goudimel et des Palestrina, mais les airs de musique profane, bien authentiques sont infiniment plus rares. Pourtant en 1876, j'eus le plaisir d'assister, à Gênes, à un concert composé exclusivement de morceaux des xv° et xvi° siècles (2). Il y avait, s'il m'en souvient bien, deux madrigaux, dont l'un assez musical, un *Pie Jesu*, deux *Sancta Virgo* et quelques airs de danse, entre autres la Bergamasque. Ce fut presque une désillusion. La mélodie à la fois raffinée et naïve, tournant et retournant sans cesse autour du même motif, est assez difficile à saisir pour des oreilles modernes. Les curieux pourront en trouver quelques exemples dans la collection du Conservatoire, et se faire une idée des réveils, aubades et danses, dont on enchantait les oreilles de leurs ancêtres d'il y a trois siècles.

Quant aux instruments, nos actes mentionnent les trompettes, le clairon, la saquebutte, les hautbois et les vio-

---

(1) L'écu d'or soleil a valu dans la deuxième moitié du xvi° siècle de 12 fr. 50 à 10 fr. 65 de notre monnaie actuelle. (V. Leber, *Fortune privée au moyen-âge. — V. surtout Cibrario, *Economia politica del medio evo*.)

(2) Le premier drame lyrique fut représenté en Italie vers 1440. (V. notes sur Vitruve, par J. Simplicius).

7

lons (1), Guillaume de Machaut, dans sa *Prise d'Alexan-
drie* (2), en énumérant les nombreuses sortes d'instruments
dont se servirent les Croisés pour célébrer leurs victoires,
nous apprend que la trompette et les clairons étaient des
variétés de ces trompes, *Strombos*, des Grecs, qui l'avaient
reçue des Egyptiens. Ceux qui ont assisté à la représen-
tation d'*Aïda* auront sûrement gardé le souvenir des
trompes droites qui en sonnent la marche triomphale, et
dont le modèle a été pris sur des bas-reliefs hiérogly-
phiques de la XIX° dynastie.

La saquebutte était un *buisin* ou *buccin*, (trompette
recourbée), d'assez forte dimension. On appela aussi de
ce nom une pièce d'artillerie. Le hautbois est le fils légitime de la *douçaine* du xiv° siècle, (en italien *dolcino*).
C'était une flûte douce à bec. On en fabriqua en cuivre
dès le xv° siècle. Le basson ne fut inventé par le chanoine
Afranio, que vers 1539, et n'était point encore commun
en France. Parmi les nombreux instruments à corde
usités au moyen-âge, la *vièle*, qu'il ne faut pas confondre
avec la vielle de nos jours, paraît avoir donné naissance
au violon moderne. Le nombre des cordes variait de trois
à six. Le plus ordinairement, et surtout au xv° siècle, il
était de cinq. Telles sont celles qu'on trouve figurées en
l'église de la Lande-de-Cubzac (Gironde) (xiv° siècle, et en
celle de Norrey (Calvados) (xv° et xvi° siècles). A l'origine,
la caisse de la *vièle* était bombée et cônique, elle avait
deux ouïes au-dessous des cordes.

J'aurais mauvaise grâce à terminer ce petit travail sans
faire mention des excellentes notices sur les musiciens
de Sens et d'Auxerre, publiées par les regrettés MM. Challe
et Chérest, dans le *Bulletin de la Société des Sciences*
(années 1850, 51 et 52), mais comme ils ont traité spécialement de la musique religieuse, je n'ai pas eu à les
utiliser ici.

F. MOLARD.

(1) V. Mémoires ecclésiastiques, Ed. Quantin, t. IV, p. 313.

(2) Ed. Mas-Latrie, Genève, Fick, 1877. — V. aussi les Instruments de musique au xiv° siècle, d'après Guillaume de Machaut,
par E. Travers, Paris, Plon, 1882.

8

I.

Six musiciens auxerrois s'associent entre eux pour partager également les sommes qu'ils recueilleront dans l'exercice de leur art. — Auxerre. — 13 mai 1556.

Comparurent en personnes Jaques Titou, Jehan, Jaques et Claude les Bizeletz, Francoys Joault et Bon Titou, tous joueurs dinstrumens demourans à Aucerre, lesquelz de leur pure et franche et liberalle volunte, et dun commung accord se sont associes, et par ces presentes se associent ensemblement, a tous les proffictz qui leurs pourront advenir et gaingneront de leur dict estat de joueurs dinstrumens, tant en ceste ville dAucerre que aultres lieux, a joer, et tant es villes que villaiges, soyt a festes comunes, banquetz, reveilz, et aultrement. Et apporteront ensemblement, et en une mesme bource, tout largent que proviendra de leursdict acquetz, sans ce que lun ne laultre en puisse debtenir, ne retenir aulcune chose. Ains se partira tout le dict proffict, chacun par esgalle portion et a toutes heures que requiz en seront, par lun ou laultre. Et cy lun deulx est appelé pour aller jouer en quelque lieu, et ou il sera commande, sil appelle quelcun dentre eulx, il sera tenu dy aller, et le reffusant ne prandra aulcun proffict de lacquetz qui en prouviendra. Et de tout seront tenuz eulx purger par serment, chacun en droict soy de ce quil auront gaingne, et pour le recielle. Et a este accorde que lun ne laultre ne pourra contracter avecques aultres personnes pour raison dudict estat, sans le notiffier à tous en général et particullier, pour veu quil soyent dans la ville, le tout aulx peines de chacun quatre escus dor soleil, que celuy ou ceulx qui defauldront de satisfaire aux conditions cy dessus, sera tenu payer aux aultres non defaillant. Et sans ce que lun ne laultre puisse jouer avec aultres nestant de la presente associacion, sans le conge et permition lun de laultre, pourveu toutesfoys quil y ayt proffict ou acquetz, le tout pour le temps dun an a commencer de ce jourdhuy, finissant a semblable jour prochain venant. Car ainsi etc., etc. promotent en obligeant respectivement corps et biens. Furent présens Jacques Chartier praticien, demourant à Vallan, et Sebastien Baubert clerc, demourant à Aucerre, le treizieme jour de may mil cinq cent cinquante six.

Signé : ROYER, notaire.

II.

Association temporaire entre cinq joueurs d'instruments d'Auxerre pour partager les bénéfices qu'ils auront faits dans l'exercice ordinaire de leur art, ou en jouant aux fêtes nuptiales et paroissiales. — Auxerre, 3 septembre 1557.

Comparurent en personnes Jaques Titou, Jehan, Jaques et Claude les Siretz et Bon Titou, joueurs dinstruments demourans a Aucerre, lesquelz ont confesse avoir faict entre eulx les associations qui censsuyvent, cest asçavoir que ils et chacun deulx respectivement, se sont associez et associent a tous et ungs chacuns les proffictz qui proviendront de leur jeu, durant le temps a commencer du quatriesme jour du present moys de septembre prochain, jusques au jour de caresme prenant aussy prochain en suyvant, assavoir, de fiansailles, nopces, reveilz et festes de paroisses seullement, les profficts desquelz se partira entre eulx, et en sera delivre a chacun une cinquiesme partye. Et ne pourront lun ne l'autre joer, ne marchander les dictes nopces ou reveilz, festes de paroisses et fiansailles, sans en advertir duement ses aultres compagnons, et prenant attestation suffisante du reffus quen sera fait par le refusant de accompagner ses aultres compagnons ; le premier deffaillant et reffusant de accomplir les choses dessus dictes, et qui les aura enffrainctz, sera tenu de payer au cinquiesme quatre escus dor soleil, incontinant quil sera veriffie, soit par atestation ou preuve, sommation faict du dict refus, ou aultrement, que le present contract et association aura este par luy enfrincte. Et aussy quils ne pourront joer avec aultres dudict estat sans le consentement de tous ensemblement, hors les festes et choses cy dessus declarees. Car ainsy etc. promectant etc. obligent respectivement corps et biens. Furent presens : Sebastien Baubert, Jehan le Moyne, perrier, demourant à Bailly ; ce troisiesme jour de septembre mil cinq cent cinquante sept.

III.

Six joueurs d'instruments d'Auxerre s'engagent envers le marchand Pierre Giraudeau, à lui faire de la musique le jour de sa fête, moyennant la somme de dix-huit livres tournois. — Auxerre, 27 septembre 1556.

Comparurent en personnes Jacques Tilou, Jehan, Jaques et Claude les Ginelz, Françoys Jenult et Don Tilou, tous joueurs dinstrumens demourans à Aucerre, lesquels ont marchande et promis a Pierre Giraudeau, marchant demourant a Aucerre, present, de le servir de leur dict estat, le lundy neufiesme jour de novembre prochain venant, jour de la feste et solempnite du dict Giraudeau, la veille qui sera le dimanche au soir, ledict jour de lundy, tous ensemble, et le mardy trois dentre eulx tout au long du jour, et tous six ensemble, sil ny a excuse legitime ou quils soyent empeschez en aultre lieu, et a la maniere accoustumee. Jusques auquél jour ils bailleront six reveilz, pourveu quils ne soyent empesches en festes de nopces ou festes de paroisses, et lesdictz revelz de la veille du jour de ladicte feste, moyennant la somme de dix huict livres tournois, que ledict Giraudeau leur en a promis payer payer ledict jour de mardy, et a chascun deulx un bonnet raisonnable et la livree. Car ainsy etc. promectent etc. obligeant respectivement corps et biens. Furent présens : Sebastien Baubert et Pavas Marie demourant a Fleury, le vingtseptiesme jour de septembre mil cinq cinquante sept.

Signé : Royer, notaire.

IV.

Le musicien Étienne Pillard, tant en son nom qu'en celui de deux de ses camarades, s'engage à *servir de son métier* Guillaume Deschamps, vigneron à Saint-Bris, le jour de ses noces, moyennant la somme de 40 sous tournois. — Auxerre, 2 octobre 1557.

Comparurent en personnes Estienne Pillard joueur dinstrument demourant a Aucerre, soy faisant fort pour deux aultres de ses associés, a promis et promect a Guillaume Deschamps, vigneron demourant à Saint-Bris, a ce present, de le servir dudict metier le jour de ses nopces, qui seront le lundy dapres Sainct Ylaire prochain venant; la veille ung de leur troys, et ledict jour tous ensemblement, moyennant quarente sols tournois que ledict Deschamps en sera tenu payer au dict Estienne Pillard, le lendemain matin de ladicte feste, a peine, etc. Car ainsy etc. promectent etc. obligeant corps et biens. Furent presens : Gervais Besson demourant au dict Sainct Bris et Sebastien Baubert le deusième jour doctobre mil cinq cent cinquante sept.

Signé : Royer, notaire.

V.

Promesse faite par cinq ménétriers de la ville d'Auxerre, au marchand Germain Rousselot de le *servir de leur état*, le jour de ses noces, moyennant la somme de 8 écus d'or, dont 3 ont été déjà payes. — Auxerre, 13 août 1562.

Le treiziesme jour de avril mil cinq cent soixante deux apres Pasques, comparurent en leurs personnes, Jaques Titou, Françoys Beauprinse, Jaques Bidellet, Françoys Grosle et Bon Titou tous joueurs dinstrumens demourans en ceste ville d'Aucerre, lesquelz chacun deulx seul et pour le tout, renonçant au benefice de division et ordre de discussion, ont marchande et promis, et par ces presentes promectent a honorable homme Germain Rousselot, marchant, demourant a Aucerre, present a ce, de le servir de leur estat le jour de ses nopces qui seront le vingt-huitiesme jour du present moys. La veille, quatre au soir a soupper. Et ce ils nauront aulcune feste seront tenuz y assister tous ensemblement. Et encore le lendemain desdictes nopces, tout le long du jour. Et outre ce, en ledict jour, bailleront troys resveils et les aulbades en la maniere acoustumee, moyennant le prix et somme de huict escuz d'or soleil. Sur quoy lesdictz joueurs ont confesse avoir eu et reçuz troys escuz, et le reste se payera par ledict Rousselot le lendemain de ladicte feste. Car ainsy etc. promectent etc. obligeant corps et biens etc. Furent presens en personnes : honorable homme Jehan Prevost, marchant, demourant a Aucerre, et Jehan Pavé, masson demourant au dict lieu, tesmoings.

Signé : Royer, notaire.

VI.

Promesse faite par cinq joueurs d'instruments à maître Thomas, notaire, de lui faire de la musique le jour de sa naissance, moyennant 8 écus d'or soleil. — Auxerre, 23 novembre 1566.

Le XXIIIe jour de novembre lan mil cinq cent soixante sept, comparurent en leurs personnes, Jaques Titou, Bon Titou, Jaques Sirot dict Bidellet, Françoys Graulle et Jehan Titou, tous joueurs dinstrumens demourans à Aucerre, lesquels ung chacun deulx, seul et pour le tout, renonçant au bénéfice de division et discution, ont marchande et promis a honorable homme maistre Françoys Thomas, notaire tabellion royal à Aucerre, present, de le servir de leur dict art de joueur dinstrumens, le jour de Sainct Hilaire, prochain venant, jour de son festin, sçavoir la veille au souppe, le jour entier, et le landemain a la manière acostumee, et le tout bien et deuement, ainsy quil apartient, et pour la somme de huict escuz dor solleil que ledict Thomas a promis et sera tenu payer aux dicts Titou et incontinent ladicte feste faicte. Car ainsy etc. obligent corps et biens lesdicts joueurs respectivement. Presens : Laurens Bonnard et Jehan Gillest, demourans a Aucerre.

Signatures autographes : Françoys Graulle, Bon Titou, Jacques Sirot, Petit, F. Thomas.

VII.

Promesse faite par Léger Pillard et Germain Pomo, musiciens, tant en leurs noms qu'en celui de leurs associés, à Gervais, maçon, d'Auxerre, de jouer de leurs instruments le *jour de son festin*, moyennant la somme de 60 sous tournois. — Auxerre, 27 juillet 1569.

Le vingtseptiesme jour de juillet mil cinq cent soixante neuf furent presens en leurs personnes, Lege Pillard et Germain Pomo, joueurs dinstrumens demourans a Aucerre, lesquels chacun deulx seul et pour le tout, sans division et discution, comme eulx faisans fors pour lun de leurs associez, ont marchande et promis a Estienne Gervais, maçon, demourant a Aucerre, de le servir de leur dict estat de joueur le jour de son festin, qui sera dimanche prochain, assavoir troys pour bailler les revetz et noels a la messe, et pour le conduire en la maison, et un pour apres disne, pour faire ladicte feste tout le jour, et le tout bien et deuement selon ledict estat. Et ce, moyennant la somme de soixante solz tournois quil en sera tenu payer incontinant ladicte feste estant faicte, obligeans corps et biens respectivement, etc. Faict es presences de Vegelle Prodhomme et Françoys Mullet demouransa Aucerre, declarant ne savoir signer.

Signé avec paraphe : Thomas, notaire.

VIII.

Même engagement contracté par quatre joueurs d'instruments auxerrois, en faveur de Germain Sauvajot, pour le prix de 4 écus d'or. — Auxerre, 26 octobre 1569.

Le XXVI° jour d'octobre mil cinq cent soixante neuf, furent presens en leurs personnes, Jaques Titou, Jaques Bidelet, Bon Titou et Loys Loupin, joueurs dinstrumens, demourans a Aucerre, lesquels, chascun deulx seul et pour le tout, sans division et disculion, ont marchande et promis a honorable homme Germain Sauvajot, marchant demourant audit Aucerre, present et acceptant, de le servir de leur dict estat de joueur dinstrument, le jour de son festin qui sera le lundy dapres la Toussainct prochaine, assavoir : la veille a souppe qui sera le dimanche, et ledict jour de lundy tout le jour, mesmes de le mener a la messe avec cinq joueurs, tous du mesme accord, et le lendemain a la maniere accostumee, et ce, moyennant la some de quatre escus d'or, que ledict Sauvajot promeet et sera tenu payer apres ladicte feste faicte, obligeans corps et biens lesdicts joueurs respectivement etc. renonçant etc. Faict par devant nous, notaires tabellions royaulx soubzsignes.

F. Thomas, Petit, notaires; Bon Titou, G. Sauvajot.

IX.

Engagement pris par deux ménétriers auxerrois, tant en leur nom qu'en celui de deux de leurs camarades, envers le marchand Jean Soufflot, de lui donner des aubades, le jour de son anniversaire, pour le prix de quatre écus d'or soleil. — Auxerre, 10 janvier 1570.

Le dixiesme jour de janvier mil cinq cent soixante-dix, furent présents en leurs personnes, Jacques Bidelet et Françoys Graule, joueurs d'instrumens, demourans à Aucerre, tant pour eulx, que eulx faisans fors pour deux de leurs associez, ausquels ils ont promis faire avoir pour agréable ce qui sensuit : ont marchando et promis a honeste home Jehan Soflot, marchant, demourant à Aucerre, present et ce acceptant, de se servir de leur dict estat de joueur d'instrument, le jour du festin du dict Soflot, sçavoir, lun des dicts joueurs, la velle à soupper, qui sera dimanche prochain, le lundy tout le jour quatre d'entre eulx, et le lendemain aussy lun des dicts joueurs, le tout bien et denement, moyennant la some de quatre escus d'or soleil, que ledict Soflot promet payer incontinant ladicte feste faicte. Et ou cas que il ne se trouve que troys des dicts joueurs, ledict jour du festin, il payera au prorata. Car ainsy etc. obligent etc. Fail es presences de Germain Collet et Loys Loupin, demourans a Aucerre, et Claude Nicolas le Longel, tesmoings.

Signatures autographes : J. Soufflot, F. Graulle, Jacques Bidelet, Thomas, notaire.

X.

Association pour deux ans contractée entre trois ménétriers auxerrois. Le
profit commun se partagera entre eux par égales parts et portions. —
Auxerre, 11 octobre 1570.

Le onziesme jour d'octobre mil cinq cent soixante-dix,
comparurent en leurs personnes Loys Loppin, Pasquet Youre
et Claude Jodot, tous joueurs d'instrumens demourans à
Aucerre, lesquels ont faict les associacions qui sensuivent, c'est
assavoir qu'ils ont promis lun à laultre de jouer par ensemble
de leurs dicts instrumens aux festes tant de ville que de villaige,
nopses, fiansailles et aultres jeux, qui seront par eux marchandez,
et ce du jourdhuy en deux ans prouchain venant, pendant lequel
temps lesdits Loppin, Yore et Jodot, ne pourront eulx distraire
lun davec laultre pour eulx associer, ny jouer de leursdicts instrumens, ains assister aux festes qui seront par eulx marchandez,
sur peine de paier par le deffaillant à celluy ou ceulx qui naura
deffailly, la somme de quatre escuz d'or soleil, qui se paiera incontinant après que la faulte sera avérée et cogneu ; lesquels mar-
chez ils ne pourront lun sans laultre faire et jouer de leurs dicts
instrumens aux festins, festes, sans le consentement lun de
laultre. Et ce moyennant, les prouffícts et gaings qui proviendront
de la présente association se partiront, et en auront lesdictes parties, chacune ung tiers. Et si lun ou laultre deulx est requis aller
jouer de sesdits instrumens par aulcune personne que se soyt,
ny pourra aller sans le conge expres de ses associez et ou se
seoyt. De leur consentement a este accorde que les deniers qui
proviendront des sallaires de celluy qui aura eu la liberte, se
partiront entre lesdictes parties, comme dict est. Car ainsy promectent, obligeant les dictes parties corps et biens
Presens à ce : Françoys Bodeau, painctre et Jehan Logroo,
verrier, demourans à Aucerre.

Signatures autographes : F. Bodeau, Claude Jodot,
Armand, notaire.

XI.

Six maîtres d'instruments auxerrois, promettent à Pierre Cartault, archer
de la garde du roy, de le *servir de leur etat* le jour *de son festin* (jour
de naissance), pour la somme de dix écus d'or soleil. — Auxerre,
16 octobre 1570.

Le seiziesme jour d'octobre mil cinq cent soixante-dix, furent
presens en leurs personnes, Jacques Titou, Jacques Bidelet, Bon
Titou, Françoys Graule, Jehan Titou et Lege Pillard, tous
joueurs d'instrumens demourans à Aucerre, lesquelz chacun
deulx seul et pour le tout, sans division, ont marchande et
promis à honorable homme Pierre Cartault, arche de la garde du
roy, present et acceptant de le servir de leurdict estal de joueur
d'instrument, le jour de son festin, qui sera le vingtiesme jour
de novembre prouchain venant, assavoir la veille a soupper,

troys desdicts joueurs, le jour entier, auquel jours ils assisteront tous, et le lendemain jusques à midy seulement troys d'entre eulx, à la manière accostumée, moyennant la somme de sept escuz d'or soleil, que ledict Cartault sera tenu payer auxdicts joueurs après ladicte feste faicte. Car ainsy etc. obligeant biens lesdictes parties, respectivement. Faict au bureau du juré es présense de Philippe et Germain Graelet et Charles Collet, demourans a Aucerre, tesmoings.

Signatures autographes : FRANÇOYS GRAULE, JACQUES TITOU, BON TITOU, PIERRE CARTAULT, F. THOMAS, notaire.

XII.

Association pour partage égal des bénéfices communs entre quatre ménétriers auxerrois. — Auxerre, 7 mars 1577.

Le septiesme jour de mars mil cinq cent soixante-dix-sept, furent presens en leurs personnes Jacques Siret, Bon Titou, Leger Pillard et Claude Jodot, tous joueurs d'instrumens demourans à Aucerre, lesquels se sont associez et associent lun avec laultre, pour jouer de leurdict estat ensemblement, tant en festes de parroisses, bancquetz, nopces, revets, faicts à Aucerre comme en tous aultres lieux où ils seront appelles, et sans qu'ils puissent faire aulcune separation, sy ce nest du consentement de tous, et aussy quils ne pourront faire aulcuns marches, pour lesdicts festins particulièrement, sans le faire assavoir à ses compagnons associez; puis les deniers qui prouviendront diceulx festins, et des marches qui sen passeront, se apporteront à la comunaute, et en rendront compte lun à laultre pour en faire partaige entre eulx, et en prendre chascun leur part et portion, et ce de jourdhuy en un an prochain venant. Et faulte de ce faire, ou lun deulx seroit refusant, et quil se separast de ladicte bande, icelluy refusant sera tenu payer à ses compagnons acquissant, la some de quatre escus soleil. Car ainsy etc. obligent corps et biens les dictes parties respectivement lun à laultre. Faict au bureau du juré en presence de Pierre Messier, praticien et de Edme Maryon, demourans à Aucerre.

Signatures autographes : EDME MARYON, JACQUES SIRET, BON TITOU, CLAUDE JODOT, LEGER PILLARD, F. THOMAS, notaire.

XIII.

François Grosle, ménétrier auxerrois, s'engage pour lui et ses compagnons à servir de leur état les procureurs et le bâtonnier de la confrérie de Saint-Jacques, le jour de la fête de ce saint, moyennant quatre écus soleil. — Auxerre, le 26 juin 1588.

Le vingt sixiesme jour de juing mil cinq cent quatre vingt-et-huict, comparut en sa personne Françoys Grosle, maistre joueur d'instrumens, demourant a Aucerre, tant en son nom que soyt faisant fort pour Loys Loppin, Nicolas Loppin et Charles Grosle,

son fils, ses compaignons, de servir de son estat de joueur
d'instrumens, bien et deuement, les procureurs de la confrairie
monsieur Sainct-Jacques d'Aucerre, qui est le vingt-cinquiesme
jour de juillet prochain venant, et aussy le bastonier de la dicte
confrairie, iceulx procureurs et bastonier servir de leurs instrumens, comme hauboix, la veille a lofice, pour aller query le bastonier et icelluy remener et conduire chanter aux vespres et
offices, tant la veille, que pour bailler les haulbades accoustumees
de bailler dencisienctte par devant la maison de tous les con-
freres, ou ils seront menes et conduicts par ceulx de ladicte confrairie, et ce moyennant le prix et some de quattre escus soleil,
que lesdicts procureurs et bastonier seront tenus payer chacung
par moytie, ausdicts Grosles et ses consors, le lendemain de
ladicte feste de monsieur Sainct Jacques. Car ainsy promectent,
etc., obligeant respectivement, etc. Faict au bureau du juré,
avant midy, ès presances de honeste home Jacques Desprez et
Gaspard Chappelle, cordouannier, demourant à Aucerre. Ledict
Chappelle a dict ne scavoir signer.

Signatures autographes : J. Desprez, F. Graule,
Denis, notaire, Desson.

XIV.

Même engagement pris par Guillaume Pillard et Thomas Frappe, ménétriers
auxerrois, envers Ythier Leclerc, praticien au bailliage d'Auxerre, pour
la célébration de ses noces, moyennant le prix de 12 écus et 2 deniers.
— Auxerre, le 14 juillet 1594.

Le quatorziesme jour de juillet mil cinq cens quattre vingtz et
quattorze, avant midy, furent presens en leurs personnes, Guillaume Pillard et Thomas Frappe, maistres joueurs d'instrumens,
demourans à Aucerre, lesquels, chascun deux seul et pour le
tout, renonçant au beneffice de division et discution, ont marchande et promis à maistre Ythier Leclerc, praticien, demourant
a Aucerre, et present, de jouer de leurs viollons, bien et deuement, selon qu'ils ont accoustume, et au gré et vollouer dudict
Leclerc, lundy prochain depuiz le grand matin, jusques l'heure
de dix heures du soir, comme aussy le jour des espousailles
dudict Leclerc. [Est le] present marche faict moyennant le pris
et somme de douze escuz deux deniers, que ledict Leclerc sera
tenu paier, scavoir a chascun deux quattre livres, le lendemain
du jour desdictes nopces sy comme est accoustume, promectant
et obligeant lesdicts Pillard et Frappe corpz et biens, renonçant,
etc. Faict en letude du Jure avant midy, ès presences maistre
Jehan Delye, procureur au bailliage dAucerre et Jehan Berault,
praticien demourant a Aucerre, tesmoings. Ledict Frappe declare
ne scavoir signer,

Signatures autographes :

J. Delye, tesmoing.	Denis, avec paraphe.
J. Berault, tesmoing.	J. Leclerc.
	Guillaume Pillard

RAPPORT

SUR

LA PUBLICATION DES PROCÈS-VERBAUX

DU CONSEIL GÉNÉRAL DE L'YONNE

PENDANT LA PREMIÈRE RÉVOLUTION

PROPOSITION DE M. PAUL BERT

PAR

MM. CHARLES DEMAY
Bibliothécaire de la Société des Sciences

HENRI MONCEAUX
Secrétaire de la même Société

FRANCIS MOLARD
Archiviste de l'Yonne et Bibliothécaire d'Auxerre.

AUXERRE,

IMPRIMERIE, LIBRAIRIE ET LITHOGRAPHIE ALBERT GALLOT,
Rue de Paris, 47.

1886.

RAPPORT

SUR

LA PUBLICATION DES PROCÈS-VERBAUX

DU CONSEIL GÉNÉRAL DE L'YONNE

PENDANT LA PREMIÈRE RÉVOLUTION

PROPOSITION DE M. PAUL BERT

PAR

MM. CHARLES DEMAY
Bibliothécaire de la Société des Sciences

HENRI MONCEAUX
Secrétaire de la même Société

FRANÇOIS MOLARD
Archiviste de l'Yonne et Bibliothécaire d'Auxerre.

<hr>

AUXERRE,

IMPRIMERIE, LIBRAIRIE ET LITHOGRAPHIE ALBERT GALLOT,
Rue de Paris, 47.

—

1886.

RAPPORT

SUR

LA PUBLICATION DES PROCÈS-VERBAUX

DU CONSEIL GÉNÉRAL DE L'YONNE

PENDANT LA PREMIÈRE RÉVOLUTION

PROPOSITION DE M. PAUL BERT

Rapport sur l'administration départementale républicaine du 2 juin 1790 au 9 décembre 1793, et sur le mode à adopter pour en publier les registres.

Monsieur le Préfet,

Dans la dernière de ses séances d'août 1885, le Conseil général du département, sur la proposition de M. Paul Bert, député de l'Yonne, et résident général de France au Tonkin, vota en principe l'impression des procès-verbaux du Conseil général et de l'administration départementale, durant la période révolutionnaire, c'est-à-dire de 1790 à 1800, me chargeant de lui présenter un rapport sur l'étendue de cette collection, et sur les moyens les plus pratiques et les moins coûteux d'en faire la publication totale.

Une commission composée de M. Monceaux, secrétaire de la Société des Sciences, et de M. Demay, bibliothécaire de cette même société, me fut adjointe pour m'assister en ce long et pénible travail. Et grâce à leur intelligente et laborieuse collaboration, j'ai pu parvenir à un résultat qui sera, je l'espère, Monsieur le Préfet, apprécié de vous et du Conseil général ; c'est d'ailleurs en leur nom comme au mien que j'ai l'honneur de vous présenter ce rapport.

Je commencerai d'abord par donner quelques détails sur l'origine de la collection qui fait l'objet de ces quelques pages, et sur la collection elle-même.

La loi du 22 décembre 1789-15 janvier 1790, admise dans la Constitution du 3 septembre 1791, substitua aux anciennes provinces l'organisation départementale. Les limites du département de l'Yonne furent arrêtées définitivement le 26 janvier 1790. Ce département fut originairement composé de sept districts, ceux d'Auxerre, Avallon, Joigny, Saint-Fargeau, Saint-Florentin, Sens et Tonnerre. Quelques temps après, sur les pétitions réitérées de la plupart des communes qui composaient celui de Saint-Florentin, il fut supprimé et réparti entre les districts qui l'avoisinaient immédiatement. Dès l'origine, le Conseil général ne devait se composer que de 36 membres, élus par les assemblées primaires de citoyens actifs. Ce Conseil ne se réunissait qu'une fois par an, et confiait la direction des affaires à une commission composée de huit membres et d'un procureur général également élu. Le procureur général était comme la cheville ouvrière de cette commission ou directoire ; il assistait à toutes les séances, prononçait des réquisitoires, et veillait à l'exécution des décisions prises dans chaque réunion.

Les 36 conseillers généraux étaient renouvelables par moitié chaque année. Ils nommaient un président et un secrétaire, et toutes les semaine, choisissaient celui de leurs collègues, qui en cas de partage, aurait la voix prépondérante.

Au-dessous de cette administration supérieure, venaient les districts, composés de douze membres, dont quatre avec le président et le procureur-syndic, formaient le directoire exécutif. Les districts, correspondant dans une large mesure à nos arrondissements actuels, étaient le premier échelon de notre administration républicaine ; tout passait par leurs mains avant d'arriver au département, puis, s'il y avait lieu, au Conseil général qui était l'autorité suprême, et communiquait directement avec les ministres et l'assemblée. Les Conseils généraux des communes et les officiers municipaux, devaient toujours se servir de leur intermédiaire, et, si quelques-uns, passant sur leurs têtes, s'adressaient directement au département ou au Conseil

général, ils ne pouvaient de même que pour les pétitions particulières, décider quoique ce soit, sans l'avis préalable du district.

En suite de la constitution de l'an III, les districts ayant été supprimés, ils furent remplacés par les administrations cantonales.

Postérieurement, diverses modifications survinrent, dont il me
paraît nécessaire de tenir compte, car cela rentre dans les génèrali-
tés de ce rapport.

En l'an II (1793-1794), le Conseil général est réduit à 30 membres,
pour des motifs jusqu'ici inconnus. Les procès-verbaux d'élection
n'existent pas.

La loi du 19 vendémiaire an II (10 octobre 1794), remplace par des
administrations centrales, soumises au Comité de salut public et aux
représentants du peuple en mission, les anciens conseillers généraux
et leur directoire. Ces administrations centrales doivent être renou-
velées tous les ans.

Au commencement de l'an III (1794-95), le directoire départemental est encore composé de huit membres, plus le secrétaire général.
Il fonctionne jusqu'au 27 prairial de cette même annés (16 mai 1795)
Le Conseil général ne s'était plus réuni depuis longtemps, il n'y avait
plus eu d'élections, et on peut le considéré commé supprimé de fait.

Le 1er ventôse an III (19 février 1795), on réduit à cinq le nombre
des administrateurs. Le 15 ventôse, même année (4 mars), il est décidé que ces administrateurs seront nommés par le comité de législa-
tion. Quant au Conseil général, il n'en est plus question jusqu'à la
constitution de l'an VIII.

Telle est en quelques mots l'esquisse de l'administration d'un département, durant la période révolutionnaire, c'est-à-dire de 1790 à 1800.
Mais, surtout à l'origine, lorsque les anciennes administrations ne
s'étaient point encore démunies de leurs attributions, ce à quoi la
plupart ne consentirent qu'avec une extrême répugnance, il y eût
des tâtonnements nécessaires. C'est ainsi que du 2 juin 1790 au 3 novembre même année, où se réunit pour la première fois le Conseil
général, il y eût un flottement, une transition inévitable, durant lesquels se prépara l'installation des nouvelles organisations.

On conçoit facilement que les affaires les plus disparates, les solu-
tions les plus variées, aient été traitées ou données par ces diverses
assemblées, qui, plus d'une fois, surtout à l'origine, furent saisis de

questions pour lesquelles, elles dûrent se déclarer absolument incompétentes.

Il en est donc résulté une série de procès-verbaux inscrits, dans une quantité vraiment formidable de registres, dont je vais donner ici une très sommaire énumération.

La collection des registres de l'administration départementale et du Conseil général, dont je m'occupe spécialement en ce rapport, comprend un total général de 155 volumes de 20 à 250 feuillets, inventoriés aux termes de la circulaire du 29 novembre 1874, sous la série L, § I N à N 155, sans compter les liasses d'arrêtés en minutes des administrateurs, qui font double emploi avec les registres, et sont au nombre de 23 (1).

Voici le détail :

1° Dix registres du Conseil général, allant du 3 novembre 1790 au 19 frimaire an II ;

2° L'administration départementale, proprement dite, dont nous avöns quatre registres pour 1790, neuf pour 1791, dont les derniers se terminent au 4-9 février 1792, huit pour 1792, dont les deux extrêmes s'arrêtent au 8-14 février 1793, sept volumes en 1793, jusqu'au 28 septembre, même année, époque où suivant le calendrier républicain, commence l'an II ; pour l'an II lui-même, dix registres, dont le dernier s'achève au 29 brumaire an III.

Je n'ai point mis à part dans cette énumération les registres où le commencement de chaque année se chevauche avec la fin de l'année précédente.

A partir de l'an III, excepté pour le premier volume de l'année, se rencontre la division des procès-verbaux par nature d'affaires, dont on trouve des traces dès 1790, comme on le verra tout à l'heure, et qui dure jusqu'à l'an VIII. Ainsi nous avons : Bureau de police civile et militaire, an III, 5 volumes, dont le dernier s'arrête à brumaire, an IV ; pour l'an IV, même intitulation et trois registres, terminés au 13 pluviôse an V ; pour lés autres années, néant.

On trouve : pour les contributions, du 5 frimaire an III au 28 ventôse an VIII, cinq registres ; pour l'emprunt forcé, du 2 pluviôse au 17 messidor an IV, un volume ; pour les domaines nationaux, du 1er

***

(1) Le secrétaire de l'assemblée rédigeait les procès-verbaux sur des feuilles volantes. Ils étaient en suite recopiés au registre.

frimaire an III au 29 prairial an V, cinq volumes ; pour les émigrés, du 1er frimaire an III au 8 pluviôse an VIII, dix volumes ; à propos de certaines natures d'affaires, on remonte bien plus haut que l'an III, on va même jusqu'en 1790.

Ainsi, les travaux publics nous fournissent de germinal an II à floréal an III, deux registres de comptes décadaires, et du 1er frimaire an III au 9 frimaire an VIII, six volumes de comptes généraux.

Les pensions ecclésiastiques, de janvier 1791 au 29 brumaire an II, ont quatre volumes.

Pour la comptabilité qui commence dès 1790 et finit à l'an IX, on trouve quarante-trois volumes.

Il faut ajouter encore douze volumes de répertoires, ou simples mentions d'arrêtés, et de 1790 à l'an VII, douze importants registres de correspondances, ou copies de lettres.

Ce n'est pas tout. Je dois citer, ne fût-ce que pour mémoire, les 158 volumes de délibérations de district, 68 registres des assemblées cantonales, et 17 pièces, cahiers ou restes de registres des comités révolutionnaires de ce département.

Enfin ne sont pas à oublier les 30 liasses du personnel et de l'administration générale, inventoriées sous la série L, § I, les dossiers des pensions ecclésiastiques, des domaines nationaux, des fonds des émigrés, etc., etc., d'où l'on pourra tirer des notes précieuses pour enrichir le texte à publier et renforcer la préface. Bien plus, il y aura à fouiller les paquets du bureau intermédiaire, où l'on rencontre pour ce qui concerne le nord du département, et notamment dans les élections de Sens et de Joigny, des rapports précieux sur le commerce, l'industrie, la viabilité, la statistique, la situation morale et physique de ces populations à la veille de la révolution de 1788 à 1790. Or, comme un préambule est nécessaire pour faire mieux comprendre l'histoire départementale à cette époque, je ne vois pas où il serait plus facile d'en trouver les éléments, qu'en des extraits des documents dont je viens de donner ici une indication très résumée.

Il faut aussi considérer que presque tous nos registres doivent être complétés par une série de pièces annexes, conservées pour la plupart en nos archives révolutionnaires, et sommairement mentionnées au procès-verbal. En voici un répertoire très bien donné par M. Monceaux, pour le second volume des procès-verbaux du Directoire départemental, qui porte en notre inventaire la cote L, § I N 12.

Je copie textuellement :

1° Procès-verbal de la division du département de l'Auxerrois, in-8° 41 p.

2° Délibération de MM. les Élus des États-généraux de Bourgogne, 20 juillet 1790, in-4° 18 p.

3° Procès-verbaux de l'élection des administrateurs (conseillers généraux), du département de l'Yonne, faite le 20 avril 1790.

4° Discours du Procureur général-syndic Campenon, prononcé le 4 juin 1790, (annexé au procès-verbal).

5° Discours prononcé par le Président du district d'Auxerre, le 2 juin 1790, (imprimé).

6° Discours du Major de la garde nationale d'Auxerre, en réponse à celui du Président, 7 juin 1790, (inédit).

7° Lettres-patentes du roi sur les assemblées électorales, du 28 mai 1790.

8° Séance du 11 juin. — Deux lettres de Lepelletier de Saint-Fargeau, à annexer au procès-verbal. Discours de M. Marie d'Avigneau, nommé président de l'administration départementale, au lieu et place de Lepelletier de Saint-Fargeau refusant, (imprimé).

— Lettres-patentes sur les saisies et ventes de meubles contre les communautés religieuses, la remise des titres, etc.

— Lettres-patentes sur les poursuites à exercer contre les imposteurs qui soulèvent le peuple.

— Lettre annonçant le serment civique de la municipalité de Coulanges.

9° Séance du 12 juin. — Discours des curés d'Auxerre, et réponse du président, etc., etc.

Tous ces documents déjà imprimés d'ordinaire, mais fort rares, sont bons à résumer au moins, et peuvent servir de complément aux procès-verbaux des séances.

Cette montagne d'archives à compulser et à extraire, ce bataillon de registres d'où l'on doit tirer la matière de notre publication, ne doivent pas trop inquiéter, Monsieur le Préfet, ni vous, ni MM. les Conseillers généraux. Beaucoup de pièces seront reproduites en notes et sous forme d'analyse. Et quant aux registres, grand nombre d'entre eux seront ou à écarter purement et simplement, ou à indiquer de la façon la plus sommaire. Je parle surtout de ceux rédigés

à partir de l'an III. Nous avons d'abord les douze registres de répertoires d'arrêtés ; ils pourront tout au plus être utilisés pour la table,
si l'on juge à propos d'en faire une spéciale et complète. Je ne pense
pas que les 43 volumes de comptabilité pure nous offrent un bien
grand contingent. Il en est de même pour les impositions, les travaux publics, l'emprunt forcé, les émigrés et les pensions ecclésiasti-
que, une simple mention ou un renvoi à ces registres suffira. D'après
l'inventaire un peu sommaire, il est vrai, que nous avons dressé en
1881 de cette partie des archives révolutionnaires, il y a à peine 77
volumes, y compris ceux des lettres, qui pourront donner lieu à une
impression, en partie textuelle. Et encore en beaucoup d'endroits, et
pour nombre d'affaires, suffira-t-il d'un extrait résumé. On peut passer rapidement par exemple, sur les comptes des cures, sur les liqui-
dations de pensions ecclésiastiques, les règlements de dettes d'ab-
bayes et d'émigrés, d'indemnités en expropriations, les innombra-
bles arrêtés relatifs au canal de l'Yonne à la Saône, etc., etc., etc.
Comme vous le voyez, M. le Préfet, notre projet rentre dans les limites du possible, et il sera facile d'échelonner la mise au jour de nos
procès-verbaux, sans grever trop fortement les finances du département.

Mais avant d'en arriver à ce point essentiel, il convient que par des
exemples bien choisis, je puisse démontrer d'une façon péremptoire,
l'excellence de nos sources, au point de vue de l'histoire locale durant la révolution.

Les notes que nous avons rassemblées, MM. Monceaux, Demay et
moi, sont importantes par leur nature, et considérables par leur mas-
se. Il ne s'agit rien moins que de près de deux cents feuillets. Pour
arriver à ce résultat, nous avons dépouillé cinquante registres, savoir
les dix du Conseil général et les quarante premiers de l'administration départementale. Il a été impossible de faire davantage, chacun
de nous ayant d'ailleurs ses occupations particulières, et le dépouillement de ces volumes compacts, et d'une écriture serrée, exigeant
un travail long et minutieux. Depuis le mois de décembre seulement,
nous nous sommes réunis une fois par semaine, pour échanger nos
vues au sujet de l'entreprise qui nous incombait, et nous commu-
niquer réciproquement nos découvertes.

Le champ de nos recherches a donc été forcément borné à une
partie de l'ensemble. Il s'étend du 2 juin 1790 au 9 décembre 1793.

Cet espace de temps, tout restreint qu'il soit, suffira cependant à vous donner une idée fort exacte de l'intérêt présenté par nos documents, et des grands fruits que l'on en peut tirer pour la connaissance de l'histoire révolutionnaire.

J'avais d'abord pensé à suivre l'ordre de l'inventaire, et à résumer ce que chaque registre exploré pouvait contenir de curieux. Mais sur l'observation de mes collègues que cette longue énumération serait forcément fastidieuse et monotone, j'ai entrepris le classement de nos procès-verbaux de dépouillement. Malheureusement les matières traitées sont si nombreuses, si variées, et d'espèces si diverses, qu'elles échappent pour ainsi dire à une classification tant soit peu précise, et que le cadre éclate de toutes parts.

J'ai donc médiocrement réussi dans mon essai, je le confesse, mais j'espère, M. le Préfet, que vous et MM. les Conseillers généraux, voudrez bien m'accorder quelque indulgence, en considération des difficultés assez grandes que j'ai eu à surmonter. Au surplus, il ne s'agit que d'une première revue, nécessairement un peu superficielle, et les détails élagués, sous une forme plus perfectionnée, se retrouveront tous dans le travail définitif.

Administration communale.

Demande faite par la municipalité de Noyers pour être autorisée à vendre la robe violette du maire, afin d'acheter des écharpes aux officiers municipaux. — N. 15. — 3 février 1791.

Demande à l'Etat, par la municipalité d'Auxerre, d'un cimetière commun pour toutes les paroisses de la ville, les cimetières paroissiaux ayant été vendus avec les églises supprimées comme biens nationaux. — N. 18. — 16 juin 1791.

Acquisition de 2 pièces de canon par la ville de Joigny. — N. 25. — 24 mars 1792.

Compléments de jardins demandés par de nombreux curés. — N. 27. — 3 mai 1792.

Homologation d'une délibération de la municipalité de Tonnerre, décidant qu'il sera établi un champ de fédération avec un autel, sur l'emplacement du patis. — N. 28. — 2 juin 1792.

Construction d'un hôtel-de-ville à Chablis. — N. 27. — 26 juin 1792.

Demande par la municipalité de Tonnerre de 2 canons d'Ancy-le-Franc. — N. 30. — 10 juillet 1792.

Refus fait à la commune de Jussy d'autoriser la vente de quatre denrées de terrain pour acheter une horloge. Le Directoire, pour rejeter la délibération, s'appuie sur ce qu'une horloge n'est pas une chose de première nécessité, et qu'elle ne doit être acquise qu'avec l'excédant des revenus. — N. 29. — 31 juillet 1792.

Demande de secours par la commune de Lainsecq, ravagée le 20 juillet par un ouragan terrible. — N. 31. — 15 septembre 1792.

Saisie des biens des officiers municipaux de Lindry pour le retard apporté au paiement des contributions de la commune. — N. 30. — 28 septembre 1792.

Incendie d'Argenteuil. — N. 30. — 3 octobre 1792.

Demande de secours faite par la commune de Cheny pour réparer de profondes excavations causées par l'Armançon sous des maisons, le presbytère et l'église de Cheny. — N. 31. — 5 octobre 1792.

Arrêté ordonnant la cessation du cumul des fonctions de curé et d'officier municipal. — N. 34. — 9 février 1792.

Refus de laisser payer sur les fonds communaux l'écharpe et la cocarde du maire de Chevannes, qui doivent être soldées de ses deniers personnels. — N. 34. — 2 mars 1793.

Remerciements au Cᵉⁿ Paul Gauthier, curé d'Yrouère, qui a offert au bataillon du canton un drapeau du prix de 122 l. — N. 35. — 7 mars 1793.

Autorisation donnée à la commune de Toucy de fondre les cloches de la ci-devant collégiale, pour en faire des canons pour la commune. — N. 36. — 18 avril 1793.

Autorisation donnée à la commune de Villeneuve-sur-Yonne de fondre 2 pièces de quatre destinées à la ville, avec les cloches qui pourraient être en sa possession. — N 38. — 27 juillet 1793.

Réduction de 278 l. sur le compte de la commune de Sougères, les officiers municipaux ayant porté à tort des dépenses de bouche. — N. 39. — 1ᵉʳ août 1793.

Annulation comme contraire au principe de liberté, d'une délibération des communes de Perrigny-sur-Armançon et d'Annay-sur-Serein, fixant l'époque de la moisson. — N. 39. — 3 août 1793.

Arrêté destituant le cit. *Andouille*, secrétaire-greffier de Bagneaux. — N. 38. — 4 août 1793.

Installation du comité de salut public de la commune d'Auxerre dans les bâtiments des ci-devant Bernardines. Sur la recommandation de Maure, le Directoire lui accorde une subvention de 1,500 l. — N. 39. — 19 septembre 1793.

Destitution du maire et du procureur de la commune de St-Bris, pour refus d'obéissance aux ordres du Directoire. — N. 40. — 8 octobre 1793.

Destitution du maire de Migé, (Dantin), et confiscation, pour cause de fausse déclaration, des grains qu'il possède à sa ferme de la Souille, (Charentenay), au profit des pauvres de cette commune. — N. 40. — 1er brumaire, an II.

Administration départementale.

Réception par l'administration départementale de la bannière donnée par la ville de Paris aux citoyens députés de l'Yonne, à la fête de la fédération du 14 Juillet 1790. — N. 12. — août 1790.

Réunion des membres du Conseil général sous la présidence d'Alexandre Marie. — Discours. — Distribution des travaux. — N. 1. — 3 novembre 1790.

Élection de M. Lepeletier à la présidence du Conseil général. — N. 3. — 9 novembre 1790.

Approbation par le Conseil général des travaux du Directoire départemental. — N. 2. — 21 novembre 1790.

Nomination de M. Lepeletier comme membre ayant voix prépondérante au Conseil — N. 2. — 25 novembre 1790.

État des dépenses générales à la charge du département se montant pour 1791 à 518,200 l. — N. 18. — 6 août 1791.

Demande de dégrèvement en faveur du département faite à l'Assemblée nationale — N. 22. — 30 août 1791.

Nomination des employés du département. — N. 23. — 8 novembre 1791.

Règlement des bureaux de l'administration départementale de l'Yonne. — N. 27. — 22 juin 1792.

Assemblée extraordinaire du Conseil général de l'Yonne en suite de la déclaration de la patrie en danger. — N. 4. — juillet 1792.

Règlement sur la police des séances et arrêté ordonnant la publicité des séances du Conseil général. — N. 4. — 1792.

Paiement de 220 l. pour 4 milliers de plumes à 50 l. le mille, et de 50 liv. pour 5 douzaines de crayons, pour les bureaux du Directoire départemental. — N. 31. — 29 septembre 1792.

Montant des impressions faites par Fournier, imprimeur à Auxerre, depuis l'installation du département jusqu'au 1er octobre 1792, 113,030 l. 19 s. 9 d. — N. 33. — 20 novembre 1792.

Location moyennant 1,200 l. des bâtiments des Jacobins, occupés par l'administration du district d'Auxerre et appartenant à *Simon Boyer* (2). — N. 32. — 6 décembre 1792.

Le citoyen Borot, membre du Conseil général, est chargé de remplacer temporairement le district de Joigny, dont les membres ont tous donné leur démission. — N. 7. — 1er février 1793.

Location des jardins de l'administration moyennant 165 l. — N 35. — 5 mars 1793.

Arrêté déclarant le Directoire du département en permanence. — N. 34. — 30 mars 1793.

Affaires religieuses.

Constitution civile du clergé. Discours du procureur-syndic sur cette constitution. — N. 1. — 13 novembre 1790.

Formation d'un seul évêché pour le département de l'Yonne. Invitation à l'évêque de procéder à la réorganisation de son diocèse, de former un séminaire et d'instituer une juridiction spirituelle. Les districts du ressort seront consultés pour la circonscription des paroisses. — N. 1. — 13 novembre 1790.

L'église de Villecien ayant été volée de ses vases sacrés, on arrête que l'ex-prieur des Chartreux de Valprofonde, ou tous autres dépositaires, lui remettront un calice et une patène. — N. 1. — 14 novembre 1790.

Arrêté déterminant les paroisses d'Auxerre et de Sens destinées à l'exercice du culte. — N. 15. — 15 janvier 1791.

Levée des scellés apposés sur les portes de la cathédrale d'Auxerre. — N. 15. — 15 janvier 1791.

Demande d'un second vicaire faite par le curé de Saint-Florentin. Elle est accordée, sauf l'autorisation de l'évêque. Le dit vicaire sera inscrit au tableau des *fonctionnaires.* — N. 18. — 30 juin 1791.

(2) Grand-père maternel de M. Paul Bert.

La somme de 2102 francs est votée pour des réparations urgentes à faire à l'église de Saint-Etienne. — N. 19. — 7 juillet 1791.

Arrêté concernant la descente des cloches des établissements religieux supprimés et leur envoi à Paris. Nombreux échanges de cloches entre les paroisses supprimées et celles qui sont conservées. — N. 21. — 27 août 1791.

Célébration, comme par le passé, dans la cathédrale de Sens, des services funèbres du Dauphin et de la Dauphine. — N. 3. — Décembre 1791.

Protestation contre la destruction de l'église de Saint-Julien, d'Avallon, par divers habitants de cette ville. — N. 24. — 6 février 1792.

Distribution de fonds pour le culte. — 87,760 l. — N. 25. — 18 février 1792.

Refus de payer 28,947 l. à l'ancien évêque d'Auxerre, M. Champion de Cicé, non résidant et suspect d'émigration. Cet argent provenait de la manse épiscopale. Et déjà une première fois, l'abbé Digard, son mandataire, avait surpris la religion du trésorier du district, qui avait versé à son ordre une somme importante. — N. 25. — 28 février 1792.

Pétition adressée par divers bourgeois de Sens, demandant à ce qu'on maintienne l'exercice du culte catholique dans l'église de St-Pierre-le-Rond, dont ils se sont rendus acquéreurs. Le Directoire répond qu'ils sont dans leur droit, car la Constitution garantit à chacun l'exercice de son culte. Mais, conformément à la loi, ils devront mettre au-dessus de la porte principale l'inscription suivante : *Édifice consacré au culte religieux par une Société particulière.* — N. 26. — 26 avril 1792.

Rétractations de serments par divers curés. — N. 28.

Distribution de fonds aux districts pour les pensions ecclésiastiques. — (122,700 l.) — N. 30. — 5 juillet 1792.

Rétractations de serments des prêtres de Brienon. Ils seront privés de pension et placés sous la surveillance de la police.

Prêtres déportés. — Délai de huit jours accordé à Goubin, curé de Mézilles, prêtre réfractaire, pour quitter la France. — N. 32. — 30 octobre 1792.

Linges, pour le service du culte, accordés aux communes de

Champs, d'Escolives et à d'autres paroisses. Ils proviennent d'établissements supprimés. — N. 32. — 13 novembre 1792.

Délivrances d'ornements d'églises aux communes de Mailly-Château, Vermenton, Arcy-sur-Cure, Accolay, Chablis, etc., etc. — Ces ornements proviennent également des établissements supprimés. — N. 32. — Novembre et décembre 1792.

Envois de fonds aux districts pour acquitter les pensions ecclésiastiques. — N. 33. — Décembre 1792.

Nombreux dons d'ornements d'églises aux communes. — N. 33. — Décembre 1792.

Quatre tableaux religieux sont accordés au sieur Morizet, meunier à St-Martin-lès-St-Julien d'Auxerre, afin d'orner une chapelle qu'il a construite chez lui, pour la commodité des habitants du faubourg, éloigné de la paroisse. — N. 33. — 15 décembre 1792.

Paiement de la pension du citoyen Marie, ancien chanoine, professeur d'éloquence au collège d'Auxerre. — N. 33. — 26 janvier 1793.

Dénonciation de rassemblements de prêtres suspects chez Champcourt de Testmilon. Mesures prises à cet effet. — N. 37. — 25 avril 1793.

Blâme sévère infligé à la municipalité d'Avallon qui, contrairement aux ordres donnés par les représentants Turreau et Garnier, a décidé, le 25 avril dernier, que les prêtres mis en arrestation ne seraient pas reclus. — N. 36. — 9 mai 1793.

Ordre d'élargir de la maison de réclusion d'Auxerre le citoyen Bourrex, prêtre, sur la demande expresse de la commune de Sainte-Magnance. — N. 36. — 11 mai 1793.

Les opérations du recrutement étant terminées, et le Conseil général de la commune d'Auxerre ayant rendu un témoignage favorable de leur conduite, trente-sept ecclésiastiques sont mis en liberté à l'occasion de la fête du 10 août. Ils resteront prisonniers chez eux, jusqu'à ce que cette solennité ait été célébrée. Seuls, les citoyens Viard, Bobée, Digart et Delort resteront clos en leur logis jusqu'à ce que leurs correspondances aient été mieux examinées. — N. 8. — 21 juillet 1793.

Arrêté dissolvant toutes les confréries et autres associations religieuses. Il est précédé d'un long et curieux discours du procureur général, qui fait de la haute mythologie, et dresse un furibond réquisitoire contre les mystères antiques, les initiations et le culte de *Bérécynthie*. — N. 9. — 23 octobre 1793.

Déposition de ses lettres de prêtrise par le citoyen Philippe Lenglet, curé de Charbuy. — N. 9. — 28 octobre 1793.

Pétition de plusieurs communes pour obtenir un local destiné à l'exercice du culte catholique. — *Accordé.* — 14 novembre 1793.

Règlement fixant à une église par ville ou chef-lieu, et à une église par canton, le nombre des édifices nécessaires au culte. Il n'y aura qu'une cloche par église. Les vases d'or, d'argent ou de cuivre, seront remplacés par des vases de bois. L'administrateur Levrat refuse de signer cette délibération, contre laquelle il déclare protester. — N. 40. — 3 frimaire, an II.

Agriculture, Commerce, Industrie, Monnaies, etc.

Rapport très curieux de deux médecins d'Avallon sur la nécessité de dessécher l'étang de Treigny. Le dessèchement est ordonné. — N. 2. — 21 novembre 1790.

Deux anciennes foires sont rétablies à Venizy. — N. 19. — 5 juillet 1791.

Distribution de la nouvelle monnaie de cuivre aux districts. — N. 23. — 15 octobre 1791.

Demande d'établissement d'un bureau de change à Auxerre. — N. 24. — 7 janvier 1792.

Arrêté relatif aux comptes à rendre par les syndics des communautés d'arts et métiers. — N. 26. — 14 février 1792.

Homologation d'une délibération de la commune d'Avallon par laquelle elle déclare qu'elle émettra des billets de confiance de 20, 10, 5 et 1 livres, jusqu'à concurrence de 4.000 livres. — N. 28. — 1er mai 1792.

Délivrance de 10,000 livres de petite monnaie à la verrerie de Maulne, en échange d'assignats. — N. 32. — 17 octobre 1792.

Paiement du prix de la pension à l'école d'Alfort de l'élève vétérinaire Moreau. — N. 32. — 18 octobre 1792.

Existence d'une manufacture de poterie et faïence à Egriselles. N. 33. — 2 février 1793.

Le Conseil général recommande au Ministre des Contributions une demande de la municipalité de Sens qui a besoin d'échanger 150,000 l. en assignats contre pareille somme en monnaie de cuivre, provenant de la fonte des cloches. C'est pour vivifier son commerce, celui de sa banlieue, et soutenir les ateliers de charité qu'elle entretient à grands frais. — N. 7. — 10 février 1793.

Arrêté autorisant la commune de Joux à ne se servir que des mesures d'Avallon, en attendant que la Convention ait fait examiner le travail sur l'uniformité des poids et mesures. — N. — 9. — 17 août 1793.

Requête de Joseph Cantin, de Lucy-sur-Cure, afin d'obtenir des assignats neufs en remplacement de ceux que sa fille a détériorés en les lavant avec ses vêtements, où ils étaient enfermés. — N. 40. — 29 août 1793.

Homologation d'une délibération de la commune d'Avallon, qui fixe à 60 francs pour les garçons, et à 40 francs pour les filles, le prix des métiers à accorder aux enfants des classes indigentes. — N. 10. — 21 septembre 1793.

Armée, Volontaires et Garde nationale.

Députation de la Garde nationale d'Auxerre se plaignant de ce que le sieur de Bussy et autres contre-révolutionnaires sont mal gardés par la maréchaussée à l'hôtel du Dauphin, où on les a internés. — N. 1. — 12 novembre 1790.

Arrêté réglementant la formation des troupes auxiliaires tirées de la garde nationale. — N. 18. — 28 juin 1791.

Enregistrement de la nomination et installation de M. Alexandre Desparre, en qualité de lieutenant général, commandant la 18e division militaire. Discours. — N. 18. — 2 juillet 1791.

Envoi de Commissaires pour faire une enquête sur les raisons qui ont déterminé les gardes nationaux de Pontigny à établir un corps de garde à Venouze, et à y commettre des excès contre les habitants. — N. 9. — 16 juillet 1792.

Nombreux enrôlements volontaires. — N. 21. — Août 1791.

Remise et bénédiction du drapeau du 1er bataillon de volontaires. — N. 22. — 20 octobre 1791.

Arrêté sur l'organisation des gardes nationales. — N. 4. — 1792.

Vente après réception d'experts des habillements fournis aux volontaires par le sieur Lesseré, et paiement desdits effets, sauf retenue de 33,975 l. — N. 23. — 20 octobre, 10 décembre 1791.

Arrêté relatif à la gendarmerie. — N. 25. — 25 février 1792.

Envoi de 16,666 l. au 2ᵉ bataillon des gardes nationales de l'Yonne, en garnison à Condé, et de 20,000 l. au 1ᵉʳ, en garnison à Maeng. — N. 28. — 19 mai 1792.

Arrêté important concernant les bataillons de volontaires de l'Yonne. — N. 27. — 23 juin 1792.

Arrêté décidant que les doctrinaires du collège de Noyers feront le service de la garde nationale. — N. 27. — 23 juin 1792.

Félicitations adressées au 3ᵉ bataillon de volontaires. — N. 29. — 12 juillet 1792.

Autorisation à la commune d'Asquins de faire emploi de 400 l. qu'elle possède, pour armer, équiper et envoyer à la frontière, deux gardes nationaux qu'elle a choisis. — N. 31. — 28 août 1792.

Homologation d'une délibération de la commune de Saint-Cyr-les-Colons, d'employer 1,200 l. provenant de ses réserves pour acheter des fusils et des munitions. — N. 31. — 30 août 1792.

Demande par la municipalité de Ligny de 40 citoyens, pour former avec les 20 hommes qu'elle vient d'armer, une compagnie franche. — N. 31. — 19 septembre 1792.

Annulation d'enrôlements de fonctionnaires. — N. 5. — 1792.

Secours à accorder à la femme et aux quatre enfants du citoyen Galard, d'Auxerre, parti à la frontière avec le 4ᵉ bataillon. — N. 32. — 20 novembre 1792.

Paiement de 600 l. pour règlement de compte du 3ᵉ bataillon de l'Yonne, parti de Dormans et commandé par Davout. — N. 32. — 29 janvier 1793.

Don par la ville d'Avallon de 100 habillements complets pour les volontaires. — N. 33. — 2 février 1793.

Arrêté sur la déclaration de guerre à l'Angleterre. — N. 32. — 6 février 1793.

Arrêté ordonnant la fourniture à l'armée de dix paires de souliers par commune. — N. 34. — 16 février 1793.

Ordre aux communes d'ouvrir des registres d'enrôlements, précédé d'une adresse belliqueuse aux populations. — N. 34. — 23 février 1793.

Insertion au procès-verbal de la lettre du général Lanoüe, signalant la mise à l'ordre du jour, pour sa belle conduite, du cit. Chailley, de Saint-Florentin, volontaire du 2ᵉ bataillon. — N. 35. — 9 mars 1793.

Félicitations à la commune d'Aillant, qui arrête que les volontaires seront habillés aux frais des habitants. — N. 35. — 14 mars 1793.

Assemblée dans l'église Saint-Étienne pour le tirage au sort des jeunes gens d'Auxerre ; le contingent de la ville est de 60 hommes (levée de 300,000 hommes). — N. 34. — 15 mars 1793.

Mention honorable de plusieurs communes qui ont fourni un chiffre de volontaires supérieur à celui demandé. — N. 35. — 26 mars 1793.

Abandon par la municipalité de Cruzy, aux quinze volontaires de sa commune, de la tonture de 15 arpents de bois taillis dans la coupe qui devait être exploitée en 1792. — N. 34. — 7 avril 1793.

Lettre de Maure annonçant que le 3e bataillon de l'Yonne a poursuivi le traître Dumouriez, et que la Convention a décidé qu'il a bien mérité de la Patrie. — N. 35. — 7 avril 1793.

Gratification de 1,200 l., à prendre sur les deniers communaux, accordée aux cinq volontaires de la commune de Coutarnoult, par la municipalité. — N. 36. — 25 mai 1792.

Demande par la municipalité de Saint-Fargeau, si les chevaux de luxe de la cit. Lepeletier, fille adoptive de la nation, doivent être vendus pour l'armée. — Réponse affirmative. — N. 39. — 11 juillet 1793.

Secours de 6,470 l. accordé aux parents pauvres des volontaires du département. — N. 39. — 17 septembre 1793.

Nombreuses adjudications de piques (N. 39. — 1793).

Réquisitions de matelas pour le service de l'armée. — N. 10. — 28 vendémiaire, an II.

Arrêté ordonnant la transcription sur les registres du Directoire, de la lettre envoyée par la Société populaire de Toucy, et relatant la fin glorieuse du cit. Pichot, âgé de 21 ans, sous-lieutenant au 1er bataillon de l'Yonne, mort en combattant pour la liberté. On y lit : « Un éclat d'obus lui fracasse la cuisse, son frère accourt auprès de « lui : « *Allez*, lui dit le mourant, *allez combattre l'ennemi ; votre* « *poste est à votre canon et non auprès de moi.* » Ainsi parlent et « meurent nos républicains ». — N. 40. — 5 frimaire, an II.

Arrêté contre les gardes nationaux d'Auxerre, qui, se trouvant au Mont-Saint-Sulpice, ont réquisitionné non-seulement le blé, mais tout le lard qui se trouvait dans la commune. — N. 41. — 5 frimaire an II.

Biens nationaux et Emigrés.

Le maire de Saint-Père-sous-Vézelay qui fait paître ses vaches dans les biens communaux non vendus, est blâmé sévèrement. — N. 18. — 6 août 1791.

Acquisitions à folle enchère de divers biens nationaux vendus et non payés. — N. 22. — 13 septembre 1791.

Refus des Ursulines de Vézelay de délivrer l'argenterie réformée. — N. 22. — 1er octobre 1791.

Nombreuses demandes en paiement de créanciers des communautés supprimées. — N. 23. — 8 octobre 1791.

Requête de Jean Tuloup, vigneron à Saint-Bris, tendant à faire annuler une acquisition de biens nationaux montant à 21,000 l., qu'il a faite alors qu'il était en état complet d'ivresse. — Refus. — N. 26. — 3 mars 1792.

Arrêté ordonnant l'exercice du décret relatif aux émigrés. — N. 26. — 21 avril 1792.

Inventaire des biens de l'évêque d'Auxerre, émigré. — N. 27. — 12 mai 1792.

Arrêté pour l'accélération du paiement des biens nationaux déjà vendus. — N. 28. — 26 mai 1792.

Nombreuses levées de séquestre sur les biens de personnes suspectées d'émigration, et qui se sont justifiées. — N. 29. — Juillet 1792.

Nombreuses mises sous séquestre de biens de citoyens absents et suspectés d'émigration. — N. 29. — 1792.

Blâme infligé aux districts qui apportent peu de diligence à fournir l'état complet des biens nationaux qui se trouvent dans leur circonscription, avec leur valeur approximative. — N. 7. — 20 janvier 1793.

Impositions.

Le Conseil général n'ayant pas voulu approuver la répartition de la taxe pour l'entretien d'un maître d'école à Chevannes, parce qu'elle n'est pas au marc la livre des autres impositions, on lui fait observer que les contributions de cette paroisse sont encore divisées en deux parties, dont l'une est pour l'ex-généralité de Paris, l'autre pour celle de Dijon. Vu cette disposition singulière, le rôle est approuvé. — N. 1. — 29 novembre 1790.

Arrêté relatif aux contraintes en matière de contributions. — N. 1. — 23 novembre 1790.

Rapport sur la liquidation des dettes de l'ancienne province de Bourgogne, qui se montent à 49,024,352 l. 7 s. 8 d. — N. 1. — 29 novembre 1790.

Difficultés au sujet de la répartition des impôts par commune. — N. 12. — 1790.

Réclamations de nombreuses communes et de plusieurs particuliers, contre la levée des dîmes et droits seigneuriaux. — N. 12. — 1790.

Arrêté général relatif aux dîmes. — N. 18. — 19 juillet 1791.

Long et curieux arrêté relatif à la contribution mobilière. — N. 18. — 26 juillet 1791.

Nombreuses demandes en réduction de contribution patriotique. — N. 18. — 2 août 1791.

Rejet de la demande du district de Sens, qui prie le Conseil général d'intervenir auprès de l'Assemblée constituante pour faire retarder le recouvrement des contributions remplaçant les droits supprimés en 1790. — N. 3. — 25 novembre 1791.

Délibération sur la répartition de la contribution foncière et mobilière pour 1792, qui se monte au principal de 3,575,600. — Projets de dégrèvement. — N. 2. — Décembre 1791.

Félicitations adressées au district d'Auxerre pour son adresse patriotique au sujet des contributions. — N. 4. — 20 juillet 1792.

Nombreuses demandes en modération de contributions. — N. 24.

Arrêté concernant les contributions. — Répartition entre les districts de la somme de 2,950,400 l. — N. 27. — 17 mai 1792.

Arrêté relatif à la contribution mobilière de 1792. — Considérants très longs et très importants. — N. 27. — 16 juin 1792.

Arrêté général sur la formation du rôle des contributions. — N. 5. — 1er octobre 1792.

Arrêté sur la contribution patriotique. — N. 5. — 4 octobre 1792.

Arrêté pour hâter la rentrée des contributions, surtout dans le district de Saint-Fargeau, qui est très en retard. — N. 6. — 18 octobre 1792.

La rentrée des impositions pour partie de 1791 jusqu'au 1er octobre 1792, montant à 1,650,482 l., le Conseil général demande à faire liquider les dépenses du district sur l'excédant des rôles provisoires, qui ne s'élèvent qu'à 1,176,543 l. — N. 6. — 27 octobre 1792.

Réglement relatif aux impositions à payer pour les biens nationaux non vendus. — N. 7. — 25 janvier 1793.

Arrêté fort long et fort déclamatoire sur la nécessité d'accélérer et d'améliorer la rentrée des contributions. — N. 7. — 27 janvier 1793.

Arrêté nommant un nouveau commis au bureau des contributions, qui ne peut suffire aux nombreuses demandes en modération et en dégrèvement dont il est accablé par les particuliers. — N. 8. — 10 février 1793.

Arrêté autorisant la commune de Fontenay, accablée depuis trois ans par des malheurs sans nombre, et n'ayant, de plus, aucun espoir de récolte, à disposer de 1,000 l. sur le produit de la vente de son quart de réserve, pour aider ses habitants les plus indigents à payer leurs contributions. — N. 9. — 18 août 1793.

Circonscriptions territoriales.

Le commissaire du roi remet à l'Assemblée la carte du département. — N. 11. — 23 juin 1790.

Vente du poteau qui servait à séparer la Bourgogne d'avec l'Ile-de-France. — N. 11. — 10 juillet 1790.

Merry-sur-Yonne est distrait du canton de Coulanges et réuni à celui de Mailly-Château. — N. 1. — 8 août 1790.

Vingt-quatre communes, parmi lesquelles Brienon-l'Archevêque, Avrolles, etc., demandent à être distraites du district de St-Florentin. — N. 1. — 5 novembre 1790.

Communication sans déplacement aux délégués de Saint-Florentin, des mémoires des paroisses qui veulent se séparer de leur district. Même faveur est accordée aux gens de Brienon pour ce qui concerne les réponses de ceux de Saint-Florentin. — N. 1. — 11 novembre 1790.

Le canton provisoire de Neuilly est transporté à Villemer, malgré les réclamations de cette première commune. — N. 1. — 11 novembre 1790.

Avis favorable du Conseil général pour la suppression du district de St-Florentin, dont les paroisses seront distribuées entre les districts voisins. — N. 1. — 18 novembre 1790.

Nomination de commissaires pour régler avec ceux de la Nièvre la délimitation de la frontière commune aux deux départements. — N. 29. — 29 juin 1792.

Délimitation des communes de Villeneuve et Passy, près Sens. — N. 35. — 2 mars 1793.

Élections.

Plaintes contre des élections de juges de paix entachées de fraude — N. 15 — 1790-1791.

Annulation de l'élection d'un juge de paix à Toucy, faute de formalités. — N. 1. — 20 novembre 1790.

Nombreuses annulations d'élections de divers genres — N. 33 et suivants — 1791-1793.

Les municipalités de Leugny, Sementron, Avigneau et Escamps, viennent protester contre les élections de juges de paix qui ont donné lieu à des troubles — N. 1 — 8 novembre 1790.

Élection du sieur Montague, avocat, en qualité de juge au tribunal de Joigny. — N. 1 — 18 novembre 1790.

Rejet d'une protestation contre l'élection du maire d'Avallon — N. 2. — 6 novembre 1791.

Élection illégale d'un membre du district de St-Florentin — N. 2 — 13 novembre 1701.

Élection de Michel Lepeletier comme président du département — N. 3 — 15 novembre 1791.

Annulation de l'élection du receveur de Sougères, faite seulement par une partie des électeurs — N. 3 — 7 décembre 1791.

Élection d'un régent de 6ᵉ au collège d'Auxerre — N. 6 — 3 novembre 1792.

Élection du citoyen Lagrange en qualité de principal du collège de Tonnerre — N. 6 — 12 décembre 1792.

Le curé de Druyes, Lefournier, qui a tenu des propos inciviques, et s'est mêlé aux troubles qui ont eu lieu dans cette commune à propos des élections municipales, sera remplacé et incarcéré à Auxerre. — N. 10 — 20 décembre 1793.

Instruction publique, Bibliothèques et Objets d'art.

Maîtres d'école se plaignant de l'établissement dans leurs communes d'écoles libres, ouvertes contrairement au monopole dont ils jouissent. — N° 12. — Février 1790.

Décision autorisant la ville de Sens à réclamer les bibliothèques du chapitre métropolitain et des couvents supprimés de cette ville, pour former sa bibliothèque publique. — N. 15. — 30 décembre 1790.

J.-B. Estivolet est nommé maître d'école à Perrigny-sur-Armançon. Il doit mettre ses élèves à même de soutenir un examen chaque année, en présence de la municipalité et des habitants de la commune, et fournir deux prix et un accessit aux enfants qui auront récité le plus littéralement la déclaration des droits de l'homme. — N. 19. — 21 juin 1791.

Long rapport sur l'inspection du collège d'Auxerre, au point de vue physique et moral, par deux membres du directoire. Les délégués en rendant compte de leur inspection se plaignent du manque d'application et de l'indiscipline des élèves du roi, (boursiers), et les ont menacés de les renvoyer s'ils ne s'amendent. — N. 21. — 8 septembre 1791.

L'abbé Laire est chargé de cataloguer toutes les bibliothèques départementales. Il lui est alloué une indemnité de 600 livres. — N. 2. — 2 décembre 1791.

Rapport sur la conservation des bibliothèques ecclésiastiques dans ce département. — N. 2. — 1791.

Nomination du principal et des professeurs du collège de Sens. — N. 25. — 18 février 1792.

Nomination du principal et des professeurs du collège de Joigny. — N. 28. — 16 juin 1792.

Statue de pierre représentant la Vierge existant dans l'église du prieuré supprimé, accordée à la municipalité de Noyers. — N 30. — 21 septembre 1792.

Arrêté ordonnant de brûler les nobiliaires armoriaux et autres ouvrages semblables qui se trouvent dans les bibliothèques du département. — N. 6. — 22 novembre 1792.

Remerciements adressés au sieur Martin, apothicaire à Auxerre, qui a fait à l'administration, hommage d'une collection de plantes médicinales, et d'une série de lettres destinées aux dames de charité vivant à la campagne, pour les éclairer sur le traitement de diverses maladies. — N. 6. — 3 décembre 1792.

Important et long réglement sur l'instruction publique dans le département et sur l'administration de l'école militaire d'Auxerre et des autres collèges. — N. 34. — 11 mars 1793.

Transport au district d'Auxerre, des tapisseries du château de Seignelay, et ordre de brûler celles qui porteront des signes de la féodalité. — N 37. — 13 juin 1793.

Choix de la bibliothèque du chapître d'Auxerre pour y établir une bibliothèque publique. L'ingénieur en chef est chargé du devis des appropriations. — N. 8. — 23 juillet 1793.

Arrêté portant à 300 l. les appointements du démonstrateur des plantes du jardin botanique, vu la cherté des denrées et les frais que par les temps de sécheresse, lui cause l'arrosage du jardin. — N. 9. — 17 août 1793.

Acceptation de la démission des citoyens prêtres, professeurs au collège d'Auxerre, parmi lesquels se trouve M. Laporte. Suivant le vœu de la commune et de la Société Républicaine d'Auxerre, l'éducation des enfants sera dorénavant confiée à des pères de famille. — N. 9. — 17 août 1793.

Envoi à Paris de la statue de la *ci-devant reine Cécile*, (de Sicile), et de ses attributs en cuivre ou en bronze, que la municipalité de Tonnerre demandait à convertir en canons destinés à la ville. — N. 40. — 5 octobre 1793.

Justice, Tribunaux, Prisons, etc.

Demande par Villeneuve-sur-Yonne d'un tribunal de commerce dans sa localité. — N. 1. — 8 novembre 1790.

L'Isle-sous-Montréal demande également un tribunal de commerce. — Refus. — N. 1. — 23 novembre 1790.

Refus à la commune d'Avallon d'appuyer son vœu pour un tribunal de commerce, ceux de Sens et d'Auxerre étant plus que suffisants. — N. 1. — 4 décembre 1790.

Requête du sieur Seurrat, conseiller au bailliage d'Auxerre, demandant le remboursement de la somme de 200 l. qu'il a avancée pour régler les frais annuels de la buvette du palais, qui étaient payés précédemment par le domaine du roi. — N. 16. — 26 mars 1791.

Établissement de maisons de justice et d'arrêt dans le département. — N. 24. — 6 décembre 1791.

Demande des prisonniers de Joigny en augmentation de la ration de pain. — N. 30. — 18 août 1792.

Appointements du bourreau portés à 1,800 l. — N. 5. — 11 octobre 1792.

Acquisition par la commune d'Auxerre de la maison des Providenciennes pour en faire une maison d'arrêt. — N. 6. — 1er novembre 1792.

Arrêté enjoignant aux communes de Chéu et de Jaulges d'éviter les frais de plaidoiries, en remettant leur litige à un arbitrage. — N. 7. — 1er février 1793.

Demande par l'exécuteur des hautes-œuvres du département, de faire garnir intérieurement de cuir les paniers servant aux exécutions. — N. 33. — 12 février 1793.

Destitution du citoyen Lefébure, gardien des prisons de Joigny, qui par sa négligence, a laissé sept prisonniers s'évader. — N. 34. — 28 février 1793.

Demande de l'élargissement de Edme Surugues, détenu depuis 10 ans à Bicêtre, pour un crime commis à l'âge de 12 ans. — N. 39. — 30 juillet 1793.

Nomination du citoyen Hunot comme gardien de la prison de Sens. Il devra prêter serment de veiller à la garde de ceux qui lui seront remis, et « *de les traiter avec douceur et humanité.* » — N 40. — 19 vendémiaire an II.

Personnel.

Commission de conducteurs des routes au district de Saint-Florentin, accordée au sieur Bonneau, avec 800 l. d'appointements. — N. 18. — 31 mai 1791.

Arrêté qui dispense du service personnel dans la garde nationale les commis de l'administration du département. — N. 4. — 23 juillet 1792.

Arrêté permettant à divers employés de se rendre à la frontière. Leurs emplois leur seront conservés et ils jouiront, quant à l'avancement, des mêmes avantages que s'ils étaient présents. — N. 4. — 9 septembre 1792.

Long arrêté sur l'organisation des bureaux. — N. 6. — 14 janvier 1793.

Arrêté portant à 1,200 livres le traitement du citoyen Cassaigne, dessinateur du département. — N. 7. — 23 janvier 1793.

Demande d'augmentation des employés du bureau de l'Ingénieur, dont le chef a 1,080 l. et les deux sous-chefs 840 l. d'appointements. — Accordé. — N. 7. — 25 janvier 1793.

Arrêté ordonnançant 3,575 l. pour le paiement du dernier quartier de 1792 des ingénieurs et des conducteurs des ponts et chaussées, qui est en retard. — N. 7. - 27 janvier 1793.

Arrêté réduisant de 82 l. à 8 l. par mois les frais de bureaux des ingénieurs du canal de l'Yonne, qui doivent être nuls puisqu'on leur fournit des imprimés. — N. 7. — 1er février 1793.

Demande d'augmentation par le secrétaire général du département dont le traitement a été fixé à 1,500 l. en 1790. Mais, attendu que tout a redoublé de valeur depuis la Constituante, et que plusieurs départements, dont le même fonctionnaire avait des appointements pareils, ont joint à sa situation pour l'améliorer, la place d'archiviste, le Conseil général, ne pouvant prendre cette augmentation sur lui, puisque ce traitement a été fixé par une loi, invite ledit fonctionnaire à se pourvoir par-devant la Convention nationale. — N. 7. — 6 février 1793.

Les gages des piqueurs ambulants sont portés de 900 à 1,200 l., vu leur pénible travail et l'importance des routes qu'ils ont à entretenir. — N. 8. — 13 août 1793.

Augmentation de traitement accordée à deux employés du district de Joigny. — N. 8. — (Id.).

Polices générale et administrative.

Arrêté concernant la disparition des emblèmes de la royauté et de la féodalité dans les salles de séances des corps constitués. — N. 5. — 18 septembre 1792.

Arrêté contre 14 ecclésiastiques pourvus de plusieurs emplois. Cet arrêté vise notamment le citoyen Salgues qui est en même temps procureur de la commune de Sens, assesseur de la justice de paix, vicaire général de l'évêque du département et principal du collège. — N. 35. — 7 mars 1793.

Refus du certificat de civisme aux citoyens qui ne justifieront pas du paiement de leurs patentes ou de leurs impositions. — N. 34. — 21 février 1793.

Dénonciation par Chardon, du curé de Saint-Georges, (Lucas), qui a tenu à un repas, des propos inciviques. — N. 35. — 4 avril 1793.

Réunion de toutes les autorités constituées pour conférer sur les mesures de sûreté générale. Attentat contre l'arbre de la liberté d'Auxerre. Les *lâches* ont fui à l'arrivée de la garde de la porte du Temple qui n'a pu saisir personne. Interrogatoire des officiers et des soldats du poste à ce sujet. On attribue ce délit aux prêtres réfractaires et aux ci-devant religieuses. — N. 7. — 9 avril 1793.

Dénonciation contre le citoyen Dejust, de Pourrain, qui ne porte pas la cocarde tricolore. — N. 37. — 18 mai 1793.

Arrêté ordonnant au maire de Laduz de rendre au curé de cette localité, (Chabassol), les armes qu'il lui avait enlevées en pénétrant de force chez lui. — N. 38. — 9 juillet 1793.

Dénonciation du curé de Ligny (Bouteille), accusé d'avoir voulu entraver les opérations du recrutement. — N. 40. — 19 septembre 1793.

Santé et Salubrité publiques.

Rapport sur l'épidémie de Toucy. — N. 19. — 28 mai 1791.

Règlement des frais occasionnés par la maladie épidémique qui a régné dans les communes de Maligny et de Villy. — N. 18. — 4 juin 1791.

Epidémie à Noyers. — N. 19. — 16 juillet 1791.

Cessation, pour cause de non efficacité, des expériences faites par le citoyen Guenault, médecin, sur le traitement de la morve. — N. 34. — 9 février 1793.

Subsistances et Réquisitions.

Refus d'une proposition faite par les négociants de Hambourg pour approvisionner le département. — N. 2. — 9 novembre 1790.

Pillage à Sens, d'un bateau de grains appartenant à de soit-disants accapareurs. — N. 25. — 10 février 1792.

Plainte du sieur Gillet, président du tribunal du district de Joigny, contre les officiers municipaux de Saint-Julien-du-Sault, qui ont envoyé à la frontière son cheval, lequel n'est pourtant point un cheval de luxe. — N. 31. — 9 octobre 1792.

Arrêté reconnaissant que le cheval du curé de Treigny, paroisse très étendue, ne peut pas être considéré comme un cheval de luxe. — N. 32. — 17 octobre 1792.

Sur la plainte des habitants de Migé, ordre est donné à deux cultivateurs de cette paroisse, de conduire au marché d'Auxerre 74 bichets de blé, constituant l'excédant de grains qu'ils ont en leur possession. — N. 33. — 11 décembre 1792.

Pétition où plusieurs cultivateurs se plaignent de ce que la municipalité de Ligny-le-Châtel s'empare de leurs grains et les empêche de les mener à Auxerre. — N. 32. — 2 février 1793.

Demande par la municipalité d'Auxerre qu'il soit pris des mesures pour assurer la libre circulation des grains. — N. 32. — 2 février 1793.

Arrêté dénonçant au Comité de salut public, la décision du département de la Côte-d'Or, interdisant la sortie des blés de ce département. — N. 35. — 22 avril 1793.

Nombreux achats de grains. — N. 37. — 1793.

Fixation du prix de la livre de pain, à Auxerre, à 4 s. 6 d. — N. 39. — 20 juillet 1793.

Arrêté sur les subsistances à fournir à la garnison de Mayence qui va passer à Sens, se rendant en Vendée. Le citoyen Sellier est chargé de se procurer les charrois nécessaires. — N. 8. — 10 août 1793.

Poursuites contre Leraud, fermier au Mont-Saint-Sulpice, qui a vendu à plusieurs personnes du blé, à un prix au-dessus de la taxe maximum. — N. 39. — 17 septembre 1793.

Arrêté concernant le maximum des grains. — N. 39. — 24 septembre 1793.

Autorisation donnée à la ville d'Auxerre de requérir des grains dans toute l'étendue du district pour l'approvisionnement de son marché. — N. 40. — 28 septembre 1793.

Réquisition de 2,400 quintaux de grains pour la subsistance des volontaires qui vont séjourner à Auxerre. — N. 40. — 19 vendémiaire an II.

Curieux discours du Procureur général sur l'égoïsme et l'accaparement, suivi d'un long arrêté contre les accapareurs. — N. 10. — 4 brumaire an II.

Rapport sur la répartition des subsistances et l'établissement du pain de l'égalité. — N. 10. — 16 brumaire an II.

L'administration départementale, en présence du représentant Maure, refuse aux habitants de Sens de s'approvisionner dans le canton de Sergines qui est réservé à Auxerre, où l'on souffre de la disette. — N. 10. — 1er frimaire an II.

Les députés du Cher annoncent au département qu'ils n'ont pu réunir que 1,000 boisseaux de grains pour secourir leurs frères de l'Yonne. De vives félicitations leur sont adressées. — N. 10. — 1er frimaire an II.

Arrêté du représentant Ichon, règlementant les réquisitions de chevaux pour les transports et pour l'armée. — N. 10. — 6 frimaire an II.

Travaux publics et viabilité.

Des ateliers de charité seront ouverts à St-Fargeau pour la création de nouvelles communications et le rétablissement des chemins vicinaux. — N. 1. — 11 décembre 1790.

Rapport sur l'état des routes dans le département. Les dépenses pour leur entretien d'une année ont été de 334,800 l. — N. 18. — 6 août 1791.

Représentations des municipalités de Lucy-le-Bois, Cussy et autres, sur la direction de la route de Paris à Lyon. — N. 3. — 25 novembre 1791.

La route de Sens à Nemours passera par Saint-Valérien et Chéroy. — N. 3. — Décembre 1791.

Destination de sommes à employer à la réparation des ponts et des pavés d'Auxerre. — N. 3. — 12 décembre 1791.

Sur la pétition de M. de Montfeu, ingénieur en chef, dix sous par jour sont accordés aux ouvriers étrangers du canal de l'Yonne, durant tout le temps du chômage. — N. 3. — 13 décembre 1791.

Rapport détaillé sur les dépenses d'entretien des routes durant l'année 1792. Elles se monteront à 323,233 l. — N. 3. — 13 décembre 1791.

Rapport sur la situation des ateliers de charité. Reste à dépenser 43,537 l. à répartir en travaux de curage et autres parmi les divers districts. — N. 3. — 13 décembre 1791.

Réception d'un pont sur le Serain, près Seignelay. Refus d'y établir un péage. — N. 3. — 13 décembre 1791.

Demande de nouveaux fonds à l'Assemblée nationale, pour payer les ouvriers du canal de l'Yonne, les premiers 600,000 francs étant presque épuisés. — N. 3. — 14 décembre 1791.

Acceptation des propositions des voituriers d'eau de la Haute et Basse-Seine, pour le transport du Hâvre à Auxerre de 2,000 quintaux de blé accordés au département. — N. 4. — 26 juillet 1792.

Arrêté priant les commissaires de la Convention de s'interposer pour obtenir les fonds nécessaires au parachèvement de la route d'Auxerre à Troyes, et au rétablissement du pont de Brienon. — N. 6. — 24 octobre 1792.

Arrêtés pour le parachèvement de la traverse de Lucy-le-Bois et la reconstruction du pont de Brienon, détruit en 1789 par la débâcle des glaces. Les frais se monteront à 80,000 livres. — N. 8. — 20-21 juillet 1793.

Arrêté ordonnant la visite de la rivière de la Vanne, dont les débordements annuels font perdre la récolte de 10 à 12,000 arpents. L'ingénieur en chef est chargé de dresser un rapport des bonifications qui pourraient être faites au lit de cette rivière. — N. 8. — 7 septembre 1793.

Arrêté faisant savoir au district de Saint-Fargeau que le Conseil général est peu satisfait de la façon dont il conduit les travaux des routes dans son ressort. — N. 9. — 17 août 1793.

Arrêté sur l'entretien des routes et l'exécution des travaux publics. — N. 9. — 19 frimaire an II.

Troubles.

Désordres à Givry, canton de Vézelay. Une partie de la population a dévasté les forêts nationales. — Les délinquants sont déférés à l'accusateur public. — N. 1. — 9 novembre 1790.

Sédition des habitants de Brannay et de Lixy contre leur ci-devant seigneur. — N. 12. — 1791.

Plaintes contre divers curés qui refusent de lire au prône les décrets de l'Assemblée nationale. — N. 15. — 1791.

Dénonciation des assemblées de prêtres réfractaires qui se tiennent au château de Béru. — N. 19. — 25 juin 1791.

Troubles relatifs à la descente des cloches de Saint-Julien d'Avallon. — N. 23. — 12 novembre 1791.

Délibération du Conseil général sur un avis du ministère de l'intérieur, portant que comme en 1789 et 1790, les ouvriers du port de Clamecy ont l'intention d'arrêter un flot de 40,000 cordes de bois qui doit passer près de Coulanges, et est destiné à l'approvisionnement de Paris. Le district de Clamecy et le département de la Nièvre seront invités à prendre un vigoureux parti. — N. 2. — 28 novembre 1791.

Troubles arrivés à Chablis lors du récolement des vases sacrés. — N. 23. — 5 janvier 1792.

Émeutes aux marchés de Sens et à Clamecy par suite de la rareté des céréales. — N. 25. — 24 mars 1792.

Désordres à Champignelles. — N. 25. — 13 avril 1792.

Troubles à Lainsecq, provoqués par le maire qu'ont dénoncé plusieurs habitants. — N. 27. — 21 juin 1792.

Sédition à Cravant à l'occasion de l'élection du juge de paix. Vingt habitants d'Irancy y sont sérieusement blessés. — N. 28. — 30 juin 1792.

Poursuites ordonnées contre divers citoyens de Chitry qui sont entrés armés de sabres, et tambour battant, dans la maison du sieur Richer, maire de cette localité, et se sont répandus en injures contre lui et son adjoint. — N. 29. — 10 juillet 1792.

Désordres à Saint-Fargeau à l'occasion de l'enlèvement de l'argenterie qui n'est point nécessaire au service du culte. Deux frères du nom de Chien ont invectivé et maltraité le maire et la municipalité. — N. 6. — 25 octobre 1792.

Émeute à Volgré. — N. 33. — 19 janvier 1793.

Révolte des habitants de Chamoux contre les agents qui veillent à la conservation des forêts. — N. 33. — 5 février 1793.

Arrêté déférant à l'accusateur public le citoyen Delasne, curé de Préhy, pour plusieurs causes, et entre autres pour avoir mis sur la tête de son chien une cocarde tricolore, l'avoir mené en pareil équipage à l'église et dans le village de Saint-Cyr, où il a tenu des propos incendiaires contre les autorités constituées. — N. 34. — 20 février 1793.

Blâme sévère infligé à la municipalité de Louesme, qui n'a pas su protéger contre les insultes des habitants, la citoyenne Sacriste, ci-devant de Tombebœuf. — N. 34. — 28 février 1793.

Sédition des ouvriers du canal de l'Yonne, à Esnon. — N. 35. — 28 février 1793.

Troubles à Vézelay, au sujet de l'arrestation de 10 prêtres réfractaires. — N. 35. — 30 mars 1793.

Deux commissaires choisis dans le Conseil général, accompagnés de 150 gardes nationaux auxerrois, sont chargés d'aller mettre à la raison la ville de Tonnerre, dont la municipalité toute entière a été suspendue pour incivisme. Ils présideront aux nouvelles élections, et examineront les dénonciations de la Société républicaine de cette ville contre des fonctionnaires prévaricateurs. — N. 8. — 3 mai 1793.

Troubles à Flogny. — N. 39. — 25 juillet 1793.

Arrêté par lequel le Conseil général prenant en considération la situation troublée de la ville de Tonnerre, où se forment des complots contre-révolutionnaires, nomme six commissaires pris dans son sein, parmi les membres du districts, et ceux du Conseil général de la commune, pour examiner les papiers de Chérest, procureur-syndic du district, de son fils, et de Chérest, juge de paix. Toutes les pièces suspectes seront renvoyées à l'accusateur public avec prière d'activer la solution de cette affaire, pendante déjà depuis 1792. — N. 9. — 7 août 1793.

Renvoi à l'accusateur public de ceux qui ont provoqué des troubles à Chablis. — N. 40. — 29 août 1793.

Varia.

Pension de 800 livres accordée à Pallais, organiste de la cathédrale d'Auxerre, âgé de 84 ans, et qui a eu l'honneur de donner les premiers éléments de la musique à J.-J. Rousseau. — N. 15. — 1er février 1791.

Le chapitre, (supprimé), de Sens réclame les portraits du Dauphin, de la Dauphine, de Monsieur, frère du roi, et un de Madame, donnés par le roi et Monsieur, qui ne doivent pas être considérés comme mobilier de l'église. — N. 16. — 29 mars 1791.

Autorisation donnée à Louis-Edme Martineau de Gurgy, de faire enlever de l'église des Cordeliers d'Auxerre, une épitaphe sur marbre noir qui porte les noms de plusieurs de ses ancêtres. (Cette plaque est actuellement au musée d'Auxerre).— N. 16.— 29 mars 1791.

Arrêté demandant le maintien de l'arrestation des ôtages de Louis XVI. — N. 19. — 3 août 1791.

Choix au scrutin de trois soldats pour la garde constitutionnelle de Louis XVI. — N. 3. — 12 décembre 1791.

Commission des pauvres d'Auxerre. — Il n'y a plus en caisse que 888 l. 17 s. Description navrante de la misère en cette ville. Les commissaires de la Convention, Fauchet et Rovère, présents à la séance, s'engagent à faire verser dans le plus bref délai au département, la somme de 24,000 l. qui lui est destinée sur le fonds de 2,350,000 l. voté par la Convention pour venir en aide aux malheureux. — N. 6. — 10 octobre 1792.

Fête publique à l'occasion de la conquête de la Savoie. — N. 5. — 12 octobre 1792.

Rapport sur le nombre et l'emplacement des notaires à établir dans le département. — N. 5. — Novembre 1792.

Les commissaires Fauchet et Rovère donnent à Thomas Bouvier, laboureur, chargé de famille, nn assignat de 70 l. en remplacement de celui que lui a brûlé un enfant, tandis qu'il réglait ses comptes avec un créancier. — N. 6. — 7 novembre 1792.

Arrêté interdisant à la demoiselle Gonné de porter le nom de Cazau, mais la municipalité de Mézilles peut lui donner un certificat portant qu'en sa qualité de ci-devant, elle était connue sous le nom vulgaire de Cazau. — N. 8. — 6 février 1793.

Arrêté relatif aux mariages. — N. 32. — 6 février 1793.

Mention au procès-verbal de l'envoi de sa décoration et du don de 1108 l. 10 s., qui lui étaient dûs avant le 1er août 1792, par le cit. Tenaille-Vaulabelle, ancien maréchal des logis des gardes du corps. — N. 33. — 7 février 1793.

Réglement des frais causés par la pompe funèbre du cit. Lepeletier, s'élevant à 1525 l. On y remarque Maure aîné pour une somme de 258 l. — N. 34. — 2 mars 1793.

Inauguration du buste de Lepeletier, en présence de Turreau et de Garnier. 3 bustes avec l'inscription : « *Il vota la mort du tyran et mourut assassiné.* » — N. 35. — 8 avril 1793.

Arrêté repoussant la pétition de Jacques Godin, laboureur à Mélisey, qui a perdu à la foire son portefeuille contenant 245 l. et demande à être indemnisé. — N. 9. — 23 août 1793.

J'arrête là mes citations qui pourraient être beaucoup plus nombreuses. Mais comme mon intention et celle de mes collègues, n'a jamais été que de donner une idée suffisante des affaires traitées dans nos registres, je pense que le but est atteint, et que les autres détails seront plus à leur place dans le travail définitif.

Si vous avez bien voulu, Monsieur le Préfet, jeter les yeux sur la collection d'extraits choisis, réunis par moi dans les pages qui précèdent, il vous sera facile, je le crois, de vous rallier à notre opinion commune. Les procès-verbaux des délibérations de l'Administration départementale, Conseil général et Directoire, constituent, par l'infinie variété des matières qu'on y traite, une des sources les plus fécondes de l'histoire encore si obscure de notre grande Révolution. C'est là qu'on assiste à la fin d'un vieux monde, à la naissance du nouveau. Toute cette période si mal étudiée, sorte de transition entre la Monarchie absolue et la Monarchie constitutionnelle, puis la République, se déroule à nos yeux en un panorama rempli d'intérêt et d'exactitude pittoresque. Tantôt l'on fait rendre compte, et parfois aussi gorge, aux collecteurs des vieilles administrations financières, tantôt les ex-bénéficiaires ecclésiastiques présentent la déclaration de leurs droits et revenus, que l'on a tout lieu de croire sincères, cette fois, puisque l'importance de leur pension en dépend. Les particuliers, les communes consultent sur la dîme, la tierce, le champart, sur les rentes censuelles, et cette multitude de petites coutumes féodales dont la France était enchassée comme une vieille mosaïque byzantine. — Faut-il encore payer? — Quand cesseront tous ces abus contre lesquels on a tant réclamé? — Quelles sont les formalités à employer pour l'extinction de ceux dont le rachat est décidé? — Des bois, des pacages, des forêts entières, ont été enlevés aux communautés d'habitants par l'usurpation féodale, quelles voies à prendre pour en procurer le retour?

Et l'Administration départementale, plongée dans son dur travail, compulsant les vieux titres, s'appuyant sur les décrets de l'Assemblée nationale, décide en toute question avec calme et bienveillance, avec un profond souci du droit et de la légalité, même lorsqu'il s'agit des adversaires, des ennemis invétérés de la nouvelle liberté. Sa douceur n'exclut pas l'énergie ; elle défend son autorité contre les représentants, contre les comités révolutionnaires, contre les fous et les fanatiques, faisant face à tout et partout à la fois, avec un zèle, une activité superbes, infatigables.

C'étaient des temps difficiles, dangereux même, et l'on a raison de dire que les circonstances font les hommes.

Quel tourbillon d'affaires, quel chaos ! Les administrations subordonnées, nées d'hier, encore empêtrées dans leurs langes, embarrassées de tout et pour tout, accablent de leurs interrogations le Conseil général et son Directoire. — Il faut répondre. — Les citoyens les relancent pour leurs affaires, même les plus privées. On a perdu de l'argent, on a subi un désastre, l'insulte vous a été crachée au visage, vite on recourt à eux, comme à une providence qui n'est jamais en défaut.

La guerre et la paix, les travaux publics, les secours aux malheureux et aux pauvres, l'instruction, les collèges et les écoles, tout arrive, tout se débat, tout se débrouille au sein du Conseil général.

Une autre réflexion vous sera aussi suggérée, Monsieur le Préfet, par ce rapport. C'est la fausse, la très fausse idée que l'on se fait généralement de la situation de la France durant la Révolution. Pour la plupart des écrivains, les massacres de septembre, l'emprisonnement des suspects, les charrettes débordantes de victimes presque toutes innocentes, et le sanglant couperet de la place du Trône, au lieu de constituer simplement des taches que l'on voudrait effacer de l'épopée révolutionnaire, forment le fonds essentiel et total de son histoire.

Sur chaque place des petites villes provinciales, ils voient se dresser un diminutif de la guillotine parisienne, manœuvré par quelque Samson subalterne, où des sbires avinés entraînent sans pitié des femmes jeunes et belles, vêtues de blanc, au milieu des hurlements des tricoteuses et de l'accablement d'un peuple descendu jusqu'au dernier degré de la lâcheté. Partout, ils sont hantés par le fantôme des guerres civiles, les incendies vendéens, les noyades de Carrier.

C'est une erreur grave que je serai heureux de relever, non pas tant seulement au point de vue républicain, que par amour de la vérité historique, car les *templa serena* de la science sont bien au-dessus de la politique et des petites misères qui nous divisent.

La province, sauf sur certains points bien connus, fut toujours très calme durant la Révolution, et n'a jamais subi que les inconvénients inévitables en tout grand bouleversement. Je ne trouve aucune exécution capitale, dans l'Yonne, au moins jusqu'au 3 décembre 1793, excepté pourtant celles des criminels de droit commun. Sans doute, des mesures assez sévères sont prises contre les suspects d'émigration et de correspondances avec l'ennemi, contre les émigrés et les prêtres réfractaires. Mais l'adoucissement est considérable en pratique. Ce sont plutôt des tracasseries que des sévices. Lepelletier, Thureau, Garnier et Maure, Maure surtout, me paraissent certainement fort dévoués à la patrie et à l'idée républicaine, mais peu disposés à la rigueur. Ils font en somme plus de bruit que de mal.

Les autorités constituées, quoique très fermes et inébranlables dans leur foi politique, répriment résolument les excès de zèle des comités révolutionnaires. Des soixante-dix ou quatre-vingts citoyens compromis dans le mouvement fédéraliste d'Avallon, pas un n'a été mis à mort, ni frappé de peines bien graves. Il est indubitable que Maure les a protégés par-dessous main.

D'autre part, je ne vois pas que les grands ressorts sociaux aient été dissous en aucune manière dans le département. La propriété est très protégée. On peut circuler en toute sûreté. Des maîtres d'école sont installés un peu partout, les collèges réorganisés et favorisés. Des sommes considérables sont votées pour la création de nouvelles routes et l'entretien des anciennes. La situation économique n'est pas, il est vrai, très bonne. L'Yonne, comme tous les autres départements, subit les réquisitions, la disette, la dépréciation du papier-monnaie, le maximum et l'emprunt forcé. Mais c'étaient là des malheurs inséparables de la guerre civile et extérieure. La population ne paraît pas avoir diminué, ni le calme plat, dans lequel elle vivait d'ordinaire, avoir été troublé, autrement que par le contre-coup très amorti des grands événements qui se passaient alors à Paris et en Europe. C'est à peine s'il est question de la mort du roi et du 31 mai. On ne parle pas du tout du supplice de Marie-Antoinette.

N.-B. —. Lepeletier a présidé l'administration de notre département pendant la plus grande partie des années 1791 et 1792. Tous les feuillets des registres sont paraphés de sa main. Nul doute que sa science du droit et sa grande expérience des affaires, n'ait exercé une influence toute puissante sur ses collègues de l'administration départementale.

Vous trouverez donc comme nous, Monsieur le Préfet, je le pense, que l'idée de M. Paul Bert est féconde au point de vue historique et politique. Plusieurs départements, entre autres celui de la Creuse, en ont déjà tenté la réalisation. C'est là une entreprise digne du Conseil général de l'Yonne, dont l'esprit est si actif, si ouvert à tous les progrès. Elle est utile, même au point de vue de l'éducation humaine, car si, comme je le disais tout à l'heure, les circonstances font les hommes, les beaux exemples laissés par les aïeux les préparent. Combien de héros ont dû à Plutarque le sentiment confus de leur avenir et leurs premières aspirations !

Restent maintenant à déterminer les conditions dans lesquelles cette publication pourrait être mise en œuvre. La collection entière des registres de l'Administration départementale n'ayant pu être examinée, il est difficile de présenter un plan général. Toutefois, il est certain qu'elle comprendra un certain nombre de volumes, dont la mise au jour sera échelonnée, et pourra être retardée ou accélérée suivant les convenances du Conseil général, et les ressources dont il voudra bien disposer en sa faveur. En attendant, nous proposons, à *titre d'essai*, l'édition d'un fort volume, concernant à la fois la période d'incubation et de commencement de la période révolutionnaire, de 1788 à 1791. Il est intéressant, en effet, de connaître exactement, à la veille des événements de 1789, la situation des pays qui depuis ont formé le département de l'Yonne. Les liasses de la commission intermédiaire, et quelques autres documents contenus en nos archives, fourniront amplement tous les renseignements nécessaires sur la statistique, la richesse industrielle et commerciale, l'instruction publique et l'administration intérieure, dans nos arrondissements actuels de Sens, Tonnerre, Joigny, Auxerre et Avallon.

Viendront ensuite un registre de l'Administration départementale, du 2 juin au 2 décembre 1790, un registre du Conseil général du 3 novembre au 18 décembre, même année, et des fractions de volumes pour servir de complément jusqu'au 1er janvier 1791. Ces deux registres et leurs fractions devront être imprimés textuellement dans leurs parties essentielles, en mentionnant purement et simplement les affaires peu importantes, ou revenant très fréquemment, et qui sont fort nombreuses. On y joindra, en annexes ou en notes, les discours et autres pièces indiqués dans les procès-verbaux, et qui sembleront indispensables à l'intelligence du texte.

Le tout précédé naturellement d'une préface, embrassant toute la période de 1790 à 1800, formera suivant nos calculs un fort volume de 40 feuilles au plus, qu'il sera facile de diviser en deux parties si on le trouve trop considérable. Nous proposons le format grand in-8⁰ qui est celui des procès-verbaux du Conseil général actuel, dans la collection desquels ce travail doit rentrer. Pourtant, la justification du texte imprimé devra être moins large et plus compacte, le papier plus fort, le caractère plus petit. Ce procès-verbal étant payé à 40 fr. les mille exemplaires, on prévoit qu'en tirant à 400 seulement, il sera facile d'obtenir de l'imprimeur un prix à peu près semblable, sinon meilleur, pour notre publication.

En y ajoutant quelques frais de copies, les dépenses du brochage et l'imprévu, le coût de l'édition de notre premier volume monterait au chiffre rond de 2,000 francs. Et c'est cette somme que je vous prie, Monsieur le Préfet, de demander au Conseil général. Il est bien entendu que nous ne réclamons aucune rémunération, et que les volumes qui suivront seront moins dispendieux, car ils n'auront pas de préface, et les défalcations à faire au texte original seront considérables.

Les 400 exemplaires seront mis en vente à un prix à déterminer. Nul doute que l'on n'en trouve le débit assez facilement. Et à ce propos, je vous prierai, Monsieur le Préfet, de vouloir bien rappeler à MM. les Conseillers généraux que la statistique géologique de l'Yonne, pour laquelle le Département a fait des sacrifices bien plus lourds que ceux que nous lui demandons, s'est parfaitement vendue, et a produit une somme de près de 4,000 francs.

Veuillez agréer, Monsieur le Préfet, l'hommage de notre respectueux dévouement.

Francis MOLARD.

Charles DEMAY.

Henri MONCEAUX.

Auxerre, le 27 mars — 3 avril 1886.

Auxerre, imprimerie Albert Gallot.